MIRCO ALESSANDRO MIGLIETTA

BENESSERE AL NATURALE

Come Accrescere la Propria Energia Psicofisica e Prendersi Cura di Sé Grazie all'Aiuto della Naturopatia e della PNL

Titolo

"BENESSERE AL NATURALE"

Autore

Mirco Alessandro Miglietta

Editore

Bruno Editore

Sito internet

http://www.brunoeditore.it

Tutti i diritti sono riservati a norma di legge. Nessuna parte di questo libro può essere riprodotta con alcun mezzo senza l'autorizzazione scritta dell'Autore e dell'Editore. È espressamente vietato trasmettere ad altri il presente libro, né in formato cartaceo né elettronico, né per denaro né a titolo gratuito. Le strategie riportate in questo libro sono frutto di anni di studi e specializzazioni, quindi non è garantito il raggiungimento dei medesimi risultati di crescita personale o professionale. Il lettore si assume piena responsabilità delle proprie scelte, consapevole dei rischi connessi a qualsiasi forma di esercizio. Il libro ha esclusivamente scopo formativo.

Sommario

Introduzione — pag. 5
Capitolo 1: Come diventare una forza della natura — pag. 6
Capitolo 2: Come far emergere il meglio di sé — pag. 39
Capitolo 3: Come l'amore può plasmare la nostra vita — pag. 70
Capitolo 4: Come costruire un corpo vincente — pag. 97
Capitolo 5: Come rinnovare la propria energia — pag. 123
Capitolo 6: Come risvegliare la propria genialità — pag. 146
Capitolo 7: Come conquistare il successo personale — pag. 173
Conclusione — pag. 199

Introduzione

Perché questo ebook? Nella vita c'è sempre più bisogno di persone straordinarie, che abbiano il coraggio di emergere e di illuminare il mondo con la propria unicità. Tutto questo può essere raggiunto se si trova la strada per uscire fuori da uno stato di malessere, di confusione, di apatia e di sfiducia nelle proprie possibilità e capacità. Non basta non star male per riuscire a dare il proprio contributo al mondo. Non basta non star male per far emergere la propria unicità. C'è bisogno di stare straordinariamente bene per poter essere se stessi al cento per cento e creare, con la propria personalità, qualcosa di davvero unico che ci rappresenti. Oggi possiamo scegliere di diventare padroni della nostra vita e del nostro destino allo stesso modo in cui diventiamo artefici del nostro benessere. L'intento di questo ebook è quello di rendere ogni persona più consapevole delle proprie capacità, delle proprie possibilità e soprattutto della propria unicità. Da dove iniziamo a fare tutto questo? Da noi stessi...

CAPITOLO 1:
Come diventare una forza della natura

Oltrepassare i propri limiti

Voglio iniziare questo viaggio insieme a voi muovendo da una semplice domanda: «Chi sono?» Alcuni a tale quesito risponderebbero con un'identificazione di genere: «Sono un uomo», «sono una donna»; altri con una caratterizzazione professionale: «Sono un medico», «sono un artigiano», «sono un insegnante» ecc.; altri ancora riferendosi al ruolo che assumono nella società o nella famiglia: «Sono un padre», «sono un membro della tale associazione» ecc. Qualcuno potrebbe generalizzare dicendo: «Sono una persona che fa questo e quell'altro». Nessuno però riesce a dare una spiegazione di sé più profonda e distaccata da ciò che fa e dal ruolo che assume.

Molto spesso la nostra definizione di ciò che siamo è limitata ai confini del corpo e alle azioni che compiamo. Nel 1904 lo scienziato Joseph John Thomson, mentre studiava la conduzione elettrica nei gas, arrivò a scoprire la più piccola parte della materia, l'elettrone, una particella subatomica dotata di carica elettrica negativa e di massa trascurabile. La scoperta stupefacente fu che gli elettroni hanno una massa così insignificante da poter essere definiti più come energia in movimento che come materia. Questo significa che il nostro corpo altro non è che energia raggruppata e organizzata in una forma, percepibile dai sensi che abbiamo a nostra disposizione, avente delle funzioni di movimento specifiche.

Ciò che è strano è che noi abbiamo imparato ad affidarci così tanto a questi cinque sensi che riteniamo reale solo ciò che percepiamo attraverso di essi e irreale tutto il resto. A tal proposito mi viene in mente San Tommaso: «Se non vedo non credo».

Se da una parte, dunque, i nostri sensi sono gli strumenti attraverso cui percepiamo la realtà che ci circonda, dall'altra rappresentano i filtri che ci consentono di definire ciò che è reale da ciò che non lo è, escludendo, in questo modo, tutto quello che non rientra nelle nostre capacità.

Eppure è noto che l'uomo non è in grado di percepire certi tipi di suoni uditi invece da alcuni animali (come i cani), oppure che non è in grado di vedere alcune tonalità di colore e di luce, come i raggi ultravioletti, in quanto la sua capacità visiva è ristretta in un *range* limitato.

Se anche solo per un attimo ci pensassimo come un insieme di energia accumulata in una forma delimitata dal corpo, allora potremmo dire che ciò che ci definisce è semplicemente una capacità dell'occhio di vedere e del corpo di sentire. Potremmo dunque considerarci energia che ha una maggiore consistenza rispetto all'aria e che quindi è più facile individuare con la vista. Se spostiamo questa prospettiva della realtà, è facile considerare tutto ciò che esiste come un mare di energia che assume diverse forme.

Ora, immaginiamo l'aria come energia diluita mentre l'uomo, o l'essere vivente in genere, come energia più condensata. Possiamo allora dire che tutto ciò che ci circonda e che ci compenetra è energia e che questa è presente in ogni luogo. Forse è a ciò che faceva riferimento Gesù quando diceva: «Spacca un pezzo di legno e io ci sarò. Solleva una pietra e mi troverai» (secondo l'apocrifo vangelo di Tommaso).

A questo punto risulta spontaneo chiedersi: cos'è che tiene uniti gli elettroni che compongono il nostro corpo e cos'è che ci permette di essere vivi?

Secondo la scienza olografica, l'organizzazione dell'energia che dà forma agli esseri viventi è definita come una coscienza collettiva o, come diceva Jung, un *inconscio collettivo* che è una forma di materia molto sottile composta da pensiero, immaginazione e sensazioni, ovvero da qualcosa di invisibile che avvolge e permea tutto ciò che è vivo.

La differenza tra materia e non materia è definita, dunque, dalla densità e dalla nostra capacità di percezione. Mi chiedo se è questo il motivo per il quale alcuni affermano che immaginare ciò che si desidera credendoci fino in fondo significa iniziare a realizzarlo.

Alcune persone dichiarano e dimostrano di riuscire a percepire qualcosa che va oltre i cinque sensi e per questo motivo sono oggetto di giudizi e preconcetti. E se costoro avessero una particolare sensibilità che gli consente di cogliere cose che gli altri non riescono a comprendere? E se a impedirci di percepire ciò che sta oltre i cinque sensi, ovvero il sottile, fosse proprio l'idea che abbiamo di noi, fatta di convinzioni e valori che continuiamo a proteggere a spada tratta per paura di cambiare e di espanderci oltre i nostri limiti?

Eppure, quando siamo vicini a una persona è facile per noi immedesimarci in ciò che sta vivendo, facendo così il primo passo verso l'espansione. In questo modo è come se riuscissimo a vivere più vite in una, è come se dal nostro corpo ci allontanassimo, ci dissolvessimo per entrare nell'essenza altrui attraverso la condivisione delle emozioni.

Probabilmente questo è il modo che ognuno ha a disposizione per andare oltre i propri limiti. Un'altra via per l'espansione è quella fornita dall'amore, attraverso il quale diamo importanza a una persona diversa da noi, accettiamo e integriamo aspetti della vita che non avevamo considerato né vissuto fino ad allora.

Questa nuova consapevolezza ci prospetta una possibilità di scelta: vivere orientandoci solo coi cinque sensi o spingerci oltre e aprirci a qualcosa che può rendere la nostra esistenza più piena.

Parlando in termini scientifici, possiamo affermare che la scelta è tra la visione meccanicistica newtoniana, secondo la quale ogni interazione, anche a livello molecolare, è frutto di forze meccaniche (come quella di gravità, quella cinetica, l'energia potenziale eccetera) e visione relativistica di Einstein, secondo la quale ogni interazione avviene prima di tutto a livello energetico e che, anche ciò che viene chiamato *materia*, o *sostanza tangibile*, non è altro che energia concentrata ($E = mc^2$). In tal caso i principi da prendere in considerazione sono quelli che considerano le onde elettromagnetiche e il loro funzionamento. Su questo principio e sulla visione quantistica si basano tutte le pratiche energetiche oggi in uso, come: l'agopuntura, la floriterapia del dott. Bach, la riflessologia plantare, la chiropratica e tante altre.

SEGRETO n. 1: uscire fuori dal proprio guscio e dai propri limiti di fede autoimposti è la prima chiave per ottenere di più dalla vita.

Cos'è che conferisce potere alla natura?
Tutto ciò che è dentro di noi esiste anche fuori. Avvicinarsi alla natura significa raggiungere la completezza, l'integrità, il potere che uno stile di vita squilibrato, al contrario, ci sottrae. Immaginate per un attimo un luogo dove ritrovare tutta la conoscenza dei popoli antichi: Egizi, Maya, Indiani, Cinesi, Greci, Romani, Africani ecc. Quell'insieme di saperi e pratiche naturali, utilizzati nei millenni per stimolare le risorse interiori dell'individuo così da superare problemi fisici ed elevarne la consapevolezza e lo spirito, oggi sono a nostra disposizione. Tutti possiamo servircene.

Ognuno di noi può liberare quell'immensa energia che sente dentro di sé. Aderendo a una visione olistica dell'uomo e della natura, possiamo iniziare a considerare l'individuo non più come un oggetto ma come un ecosistema inserito in altri più grandi ecosistemi (sociale, ambientale, culturale, naturale). Dall'armonia delle interazioni che avvengono tra questi mondi complessi dipendono il nostro equilibrio e benessere.

La natura ci infonde potere dandoci l'esempio, la via da seguire. I principi che si nascondono dietro al perfetto equilibrio sono gli stessi che possiamo utilizzare per far fiorire quell'essere straordinario che ognuno di noi rappresenta. Questi principi sono costituiti da azioni che anche noi possiamo compiere:
1. depurare;
2. sostenere e difendere;
3. riequilibrare e rinforzare.

Ogni pianta, ogni albero, ogni essere vegetale non fa altro che nutrirsi principalmente d'acqua, di sostanze vitali e di vibrazioni, attraverso le quali mantiene attivo il processo di purificazione, di difesa e rinforzo da tutto ciò che rappresenta un ostacolo alla sua massima vitalità. Allo stesso modo possiamo fare noi per ripulirci da ciò che ci inquina. I mezzi per farlo sono costituiti principalmente dall'acqua e dalle sostanze naturali che ci permettono di purificarci, rinforzarci e riequilibrare corpo, mente e spirito.

SEGRETO n. 2: per aumentare il nostro potere dobbiamo liberarci da tutto ciò che ci frena, che ci inquina e ci squilibra, attraverso tre azioni: depurare, sostenere e riequilibrare.

Come si acquisisce il potere

L'acquisizione del potere avviene attraverso la ricerca di sinergie tra esseri viventi; mettendo in rapporto l'essere umano con l'essere vegetale, animale, minerale e astrale; lo si acquisisce attraverso una visione della vita che sia a trecentosessanta gradi, evitando la focalizzazione su un singolo aspetto. Allo stesso tempo, possiamo acquisire questo potere diventando medici, psicologi ed educatori di noi stessi, cioè applicando i principi universali prima alla cura di noi stessi e poi degli altri.

L'intento unico non deve essere quello di eliminare i segnali che il corpo sta inviandoci attraverso il dolore e la malattia, ma quello di mettere ordine nella nostra vita aiutandoci attraverso la depurazione dell'organismo in ogni suo aspetto, facendo fluire libere le energie, stimolando le risorse vitali presenti in noi, attivando i meccanismi di autoregolazione e coltivando la sensibilità verso migliori atteggiamenti e più salubri stili di vita.

Una delle scoperte più stupefacenti fatte di recente riguarda la trasmissione genetica. Secondo le ricerche condotte dal dott. Bruce Lipton, biologo cellulare e docente presso la facoltà di Medicina dell'università del Wisconsin, i geni non sono solo il risultato di un'eredità da parte dei nostri avi, ma anche il prodotto delle esperienze che facciamo e di ciò che apprendiamo nell'arco della vita. In altre parole i geni hanno la capacità di apprendere. Questo significa che le conquiste fatte le trasmetteremo ai nostri figli.

Se diventiamo noi gli artefici della nostra esistenza e comprendiamo che siamo solo noi i responsabili della qualità della vita che conduciamo, trasmetteremo questo patrimonio genetico anche ai nostri discendenti contribuendo a cambiare l'aspetto dell'intera umanità. È qui che si nasconde il segreto dell'evoluzione.

Una consapevolezza oramai acquisita è che siamo noi a creare il nostro destino attraverso le decisioni che prendiamo, i gesti che compiamo, le abilità che sviluppiamo e soprattutto attraverso le convinzioni che facciamo nostre. Se dunque possiamo scegliere, iniziamo a farlo optando per ciò che ci potenzia e che potenzierà i nostri figli e le generazioni che verranno.

Ognuno di noi ha il potere di cambiare se stesso e la propria vita e di contribuire a migliorare l'umanità attraverso la propria esperienza e la propria fede. Per fare questo è sufficiente credere nelle nostre possibilità, esplorarle e sperimentarle superando così i limiti personali.

SEGRETO n. 3: la nostra strada non è prestabilita, ma la determiniamo noi attraverso le convinzioni assimilate e le decisioni prese. Siamo noi i veri artefici del nostro destino.

Qual è il nostro livello di vitalità?
Una delle domande che spesso ci si pone nel pensare al benessere e alla salute è: «Come faccio a sapere se sto davvero bene?» Di solito la risposta è data in funzione di un solo parametro: il dolore. Se non avvertiamo dolore in nessuna parte del corpo allora è facile pensare di star bene, di essere in salute. È raro che una persona creda di stare male pur non avvertendo alcun dolore.

Nonostante il malessere fisico sia uno dei parametri che, in modo maggiore e immediato, richiama la nostra attenzione al corpo e alla salute, ne esistono altri molto importanti, indicativi del nostro stato di benessere. È fondamentale, ad esempio, soffermarsi sulla qualità del sonno, o sullo stato emotivo, o ancora sul tipo di energia che sentiamo scorrere dentro di noi.

Considerando lo stato emotivo entriamo in un'altra concezione della salute e del benessere. Una persona che è equilibrata emotivamente ha anche un corpo sciolto ed elastico, la postura eretta, circolazione sanguigna e linfatica fluenti, una capacità respiratoria ampia, una spiccata agilità di pensiero e di azione; è aperta verso gli altri e ha un approccio alla vita più leggiadro e giocoso rispetto alla seriosità che spesso, invece, è lo specchio di uno stato di tensione interiore.

Per questi motivi, nel momento in cui vogliamo stare davvero bene, è importante capire a fondo la situazione fisica ed emotiva in cui ci troviamo. Occorre quindi non solo considerare se proviamo o meno dolore in qualche parte del corpo, ma anche valutare il nostro stato psico-emotivo attraverso vari elementi. In particolare: se durante la giornata ci sentiamo rilassati, se cantiamo e fischiettiamo, se ridiamo, se giochiamo, se scherziamo, se abbiamo rapporti soddisfacenti, se mangiamo con gusto, se andiamo regolarmente in bagno, se soddisfiamo i nostri bisogni intimi con regolarità, sentimento e passione, se ci sentiamo liberi, se amiamo ciò che facciamo o se ci sentiamo costretti da qualcosa o qualcuno e così via.

Ancora va considerato: quale rapporto abbiamo con la natura; quanto e come ci muoviamo durante il giorno; se pratichiamo attività fisica; se respiriamo aria pulita; se viviamo in ambienti soleggiati o bui.

Tutti questi sono aspetti importanti che influiscono direttamente sul nostro stato psico-emotivo e, con esso, su quello fisico. In presenza di squilibri emotivi, fisici e psicologici possiamo prendere in considerazione diversi metodi per riequilibrarci al fine di ripristinare il benessere perduto o addirittura promuoverne uno migliore mai vissuto prima.

SEGRETO n. 4: se vogliamo sapere come stiamo veramente non è sufficiente guardare al dolore del corpo, ma anche e soprattutto agli stati d'animo che viviamo più spesso.

Come si fa il pieno di energie

Se vediamo l'essere vivente come parte di una vita universale, risulta facile considerare il suo benessere e la sua armonia in diretto rapporto con ciò che lo circonda: l'aria che respira, la luce del sole, il mondo vegetale, gli altri esseri viventi, simili e non, le emozioni che prova. In funzione di questo, tutto ciò che lo mette in rapporto con il mondo naturale gli porta benessere mentre tutto ciò che lo allontana da esso lo fa vivere in modo squilibrato.

A tal proposito la medicina cinese, che da millenni mette l'uomo in rapporto con la natura, prende in considerazione cinque elementi che costituiscono l'essenza energetica dell'essere vivente, e sono: fuoco, metallo, acqua, terra, legno. Essi sono collegati a degli organi del corpo, così che in funzione dell'equilibrio, o squilibrio, che vi è tra questi elementi il flusso dell'energia all'interno del corpo è libero di scorrere o meno.

CORRISPONDENZE DEI 5 ELEMENTI					
	LEGNO	**FUOCO**	**TERRA**	**METALLO**	**ACQUA**
Stagioni	Primavera	Estate	Cambio stagione	Autunno	Inverno
Direzioni	Est	Sud	Centro	Ovest	Nord
Colori	Verde	Rosso	Giallo	Bianco	Nero
Sapori	Acido	Amaro	Dolce	Piccante	Salato
Climi	Vento	Calore	Umidità	Secchezza	Freddo
Stadi di sviluppo	Nascita	Crescita	Trasformazione	Raccolta	Accumulo
Numeri	8	7	5	9	6
Pianeti	Giove	Marte	Saturno	Venere	Mercurio
Yin – Yang	Yang minore	Yang massimo	Centro	Yin minore	Yin massimo
Animali	Pesce	Uccelli	Uomo	Mammiferi	Coperti da un guscio
Animali domestici	Pecora	Volatili	Bue	Cane	Maiale
Cereali	Grano	Fagioli	Riso	Canapa	Miglio
Orani	**Fegato**	**Cuore**	**Milza**	**Polmoni**	**Reni**
Visceri	Vescicola Biliare	Intestino tenue	Stomaco	Intestino crasso	Vescica
Organi di senso	Occhi	Lingua	Bocca	Naso	Orecchie
Tessuti	Tendini	Vasi sanguigni	Muscoli	Pelle	Ossa
Emozioni	Rabbia	Gioia	Rimuginio	Tristezza	Paura
Suoni	Urla	Riso	Canto	Pianto	Gemiti

Nella tabella soprastante, tratta dal libro *I fondamenti della medicina cinese* di Giovanni Maciocia (Masson Elsevier Editore, 2007), è possibile notare come a ogni organo corrispondono altri aspetti dell'essere come le emozioni, i colori, i suoni, i sapori.

Cosa significa tutto questo? Che il nostro equilibrio dipende da molti fattori che spesso ignoriamo. Sapevate, ad esempio, che a ogni organo è legata un'emozione? E che quando un organo è in disequilibrio energetico vengono assunti atteggiamenti e comportamenti derivanti da quella disparità?

SEGRETO n. 5: la forza che è in noi proviene dalla natura. Se vogliamo sentirci vitali, energici e potenti ci basta riavvicinarci al mondo naturale fatto di piante, fiori, mare, aria e sole.

Quando perciò sentiamo di aver perso la serenità e l'armonia profonde, anziché rivolgerci a rimedi artificiali, dobbiamo fermarci e ripartire dalla nostra interiorità, cercando di ripristinare l'equilibrio emotivo al fine di riconquistare il benessere. Per fare questo è necessario comprendere che gli stati d'animo non nascono da soli, ma li creiamo noi attraverso il modo in cui viviamo, attraverso il modo in cui utilizziamo il nostro corpo (fisiologia), attraverso le rappresentazioni interne (fatte di visualizzazioni e di dialogo interiore) che creiamo con la mente e attraverso il modo in cui ci nutriamo (cibo, aria, luce, emozioni, relazioni). Nel perseguire la fioritura del nostro benessere, possiamo dunque distinguere fattori interni e fattori esterni.

I *fattori interni* sono tutti quelli che nascono dalla nostra interiorità (pensieri, emozioni, movimenti) e portano a cambiare direttamente la chimica del nostro corpo. Questi fattori li costruiamo noi, in modo consapevole o inconsapevole.

I *fattori esterni* sono invece tutti quelli che provengono dall'esterno del nostro corpo e riguardano l'ambiente circostante fatto di stimoli, relazioni e interazioni con il mondo. Spesso ciò che ci permette di essere interiormente sereni è l'apprezzare la vita che stiamo vivendo qui e ora, al punto da provare un senso di gratitudine per il solo fatto di essere vivi.

Ciò che invece ci allontana dalla serenità e ci avvicina allo squilibrio è il *desiderio,* inteso come l'essere vincolati a qualcosa che vogliamo a tutti i costi, al punto da farlo diventare una priorità che va oltre ogni altro aspetto della vita, se non addirittura della vita stessa. Questo stato di desiderio/bisogno ci induce a pensare continuamente a qualcosa di diverso da ciò che abbiamo, ci fa vivere in un mondo fantasioso fatto dai nostri pensieri, piuttosto che nella realtà che ci circonda.

La **meditazione**, per questo, è il mezzo che ci permette di liberare la mente da tutte quelle zavorre che ci tengono vincolati a terra e che ci impediscono di vivere la vita a un livello di consapevolezza più elevato e spirituale, slegato dalle sole percezioni dei cinque sensi. Grazie a essa ci liberiamo anche da quelle identificazioni che ci portano a comportarci secondo un'idea prefissata di noi, legata al passato e a ciò che pensiamo di esser stati finora.

Chi è libero da identificazioni è libero anche di comportarsi in modo nuovo ogni momento, come se non avesse un'idea che lo costringa a comportarsi coerentemente con ciò che pensa di essere. La meditazione ci permette di raggiungere momenti di intensità e profondità come raramente accade nel quotidiano, siamo come l'acqua di un fiume che scorre e che non torna mai a essere la stessa perché continuamente ed eternamente rigenerata. Oltretutto la meditazione ci consente di liberare le energie e le emozioni represse che si sono cristallizzate dentro di noi sotto forma di blocchi emotivi e accumuli di tensione che si manifestano nel corpo in disfunzioni organiche e dolore localizzato.

Per promuovere una più veloce ed efficace depurazione da tutto questo possiamo concederci dei **massaggi** utili a far disperdere gli accumuli di energia depositata in punti localizzati che avvertiamo come doloranti. Con essi possiamo ridare morbidezza al corpo, e ripristinare il fluente scorrere dell'energia, oltre che migliorarne la mobilità. È facile notare, infatti, come dopo un massaggio ci si senta più rilassati, meno tesi e più aperti alla vita, insomma possiamo riacquistare la serenità e il gusto di vivere.

Il massaggio attua uno scambio di energie tra esseri viventi e questo permette non solo al massaggiato ma anche al massaggiatore di rigenerarsi. Attraverso il massaggio si riequilibra il ritmo del respiro e, con esso, si induce uno stato di tranquillità psicofisica.

Una straordinaria metodica che è in grado di infonderci potere e benessere è rappresentata dalla **riflessologia plantare**. Voi lo sapevate che la salute inizia dai piedi? E che si può valutare e riequilibrare l'intero corpo attraverso delle specifiche pressioni sulla loro pianta? È proprio così. Secondo questa metodica corporea ogni parte del corpo è connessa e interagente con le altre e vi sono delle zone sulle quali le energie confluiscono maggiormente.

Attraverso un sapiente uso di pressioni manuali sui piedi possiamo lenire dolori in qualunque parte del corpo. Com'è possibile tutto questo? Il sistema nervoso che parte dal cervello e dalla colonna vertebrale per poi irradiarsi in tutto il corpo, raggiunge alcune aree di massima sensibilità. Una di queste aree è rappresentata dai piedi e dalle sue terminazioni nervose, chiamate *punti di riflesso*.

Cosa sono i *punti di riflesso*? Sono delle piccole zone distribuite sulla pianta del piede (e delle mani per la riflessologia palmare) corrispondenti agli organi interni tramite terminazioni nervose che collegano le due parti. Agendo sui singoli punti è possibile stimolare gli organi connessi; è come se sotto i piedi avessimo il "telecomando" del nostro corpo. Alla pressione di un determinato punto risponde un organo o una specifica parte del corpo. Così, attraverso la riflessologia plantare controlliamo lo stato di salute del corpo e interveniamo laddove siano presenti scompensi o malesseri, per riportarlo al miglior stato funzionale.

Sottoponendoci a un trattamento di riflessologia plantare, o anche facendolo da soli, curiamo noi stessi e prendiamo coscienza delle nostre tensioni, del nostro stato di benessere e, soprattutto, aiutiamo il nostro corpo a essere al massimo livello di efficienza. La riflessologia plantare è un metodo di prevenzione e di riequilibrio funzionale organico utile a preservare la salute senza l'ausilio di nient'altro.

Un altro aspetto da considerare, al fine di accrescere la nostra energia e forza interiore, è la *profondità del massaggio*. Tutti noi possiamo considerarci come costituiti da strati, ciascuno dei quali ha delle specifiche funzioni. In naturopatia esistono delle corrispondenze psicofisiche riconosciute: al sangue sono legate le emozioni, ai muscoli sono legati i pensieri e alle ossa sono legate le convinzioni. Per questo motivo, nel momento in cui si manifesta un dolore o una disfunzione su uno di questi livelli, noi sappiamo dove andare ad agire anche a livello psicologico, al fine di promuovere un miglioramento che sfocerà anche in un benessere fisico.

Partendo da questo concetto si distingue il **massaggio ayurvedico** che considera come centro del corpo, dal quale dipende l'intera salute dell'individuo, l'intestino e le sue funzioni. Praticare questo massaggio è utile non solo in caso di blocchi intestinali ma anche per migliorare le capacità del corpo di assorbire i micronutrienti utili per la salute dell'intero organismo.

Il **massaggio yogico** (o tailandese) invece, essendo praticato attraverso pressioni, respirazione sincronizzata tra terapeuta e cliente e posizioni di allungamento, va ad agire sui meridiani energetici o canali principali attraverso i quali scorre l'energia. Questo tipo di massaggio ha la funzione di riequilibrare il corpo sia a livello fisico, restituendogli elasticità, scioltezza e decontrazione muscolare, sia a livello emotivo, permettendo al corpo e alla mente di essere rilassati, capaci di affrontare con disinvoltura le difficoltà della vita e di avere un atteggiamento positivo verso la stessa.

Molto spesso i comportamenti negativi altro non sono che la manifestazione di un malessere interno. Un altro livello di trattamento manuale riguarda la **chiroterapia**. Grazie a questa disciplina è possibile rimuovere blocchi che si sono sedimentati su articolazioni e ossa.

Quando si vivono momenti importanti nella vita, che ci portano ad assumere responsabilità impreviste, la parte del corpo che maggiormente ne risente è la schiena. Attraverso la chiroterapia viene ripristinato lo stato di quelle articolazioni e vertebre che si sono "bloccate", ridando libertà di movimento e vitalità alla persona.

I significati psico-emozionali celati dietro a ogni blocco sono il riflesso diretto di ciò che accade in un particolare aspetto della vita, si tratta di nodi energetici che possono essere sciolti e fatti fluire anche attraverso l'ascolto attivo della persona trattata. In questo modo il soggetto "in cura" potrà accrescere la propria consapevolezza e assumere un atteggiamento più produttivo nei confronti delle difficoltà momentanee.

Bisogna poi ricordare che, come affermava Ippocrate, alla base di del nostro stato di salute vi è l'**alimentazione** ovvero l'insieme di sostanze di cui ci nutriamo. Oggi, troppo spesso, per i ritmi che questa società ci impone, mangiamo senza neppure accorgerci di farlo. Siamo diventati divoratori disattenti, capaci, nel momento in cui proviamo fame, di ingurgitare la prima cosa che ci capita davanti. Ma questa, spesso, è rappresentata da prodotti confezionati ricchi di conservanti e coloranti, "addobbi alimentari" che, insieme ai grassi animali, servono a rendere il cibo ancora più appetitoso e a mantenere vivo in noi un desiderio sempre maggiore di qualcosa che poi è in realtà superfluo.

Questo meccanismo porta la maggior parte di noi a riempirsi di scorie, di tossine, di elementi che l'organismo non sempre riesce a eliminare. Per tale motivo le accumula alla sua periferia sotto forma di grasso tra i muscoli e la pelle, di sostanze tossiche sulle articolazioni. Così il nostro corpo protegge gli organi interni, molto più importanti per la sopravvivenza, da tutta questa spazzatura. Ricordate sempre che ciò che per il corpo è superfluo diventa veleno.

Sono inoltre da tenere presenti le caratteristiche degli alimenti e quanto ognuno di essi sovraccarichi di lavoro gli organi della digestione. Quanto più un alimento risulta difficile da digerire, tanto più toglie energia al corpo per svolgere altre funzioni come quelle relative alla concentrazione, al pensiero, al movimento. Quante volte appena finito di mangiare ci sentiamo stanchi, con la sola voglia di andare a riposarci? Tale carenza di energia è dovuta proprio agli organi della digestione che, impegnati nel loro lavoro, tolgono forza al resto del corpo.

Insieme alla digeribilità degli alimenti c'è da considerare anche il tempo impiegato per assorbirne i nutrimenti e la risposta ormonale che scatenano. Alimenti molto zuccherini danno un'energia immediata che inevitabilmente finisce presto scatenando in noi, poco dopo averli mangiati, uno stato di debolezza e malumore. Questo è dovuto all'insulina che, immessa nel corpo dal pancreas, va a riequilibrare la glicemia nel sangue. Un eccesso di alimenti proteici, invece, porta a un accumulo di azoto che andrà a iperstimolare il sistema nervoso attraverso la secrezione di glucagone, sempre da parte del pancreas. La conseguenza immediata sarà uno stato di nervosismo, agitazione, frenesia, ansia, tensione, suscettibilità ecc.

Per tutti questi motivi è fondamentale prestare un'attenzione particolare verso ciò che assumiamo quotidianamente; dobbiamo preferire sempre alimenti freschi a quelli conservati, seppur allettanti e confezionati in modo seducente.

Oltre che interessarci alle vie che portano all'equilibrio e al benessere, è bene chiederci quali sono gli strumenti attraverso i quali osservare e comprendere, nel modo più approfondito possibile, lo stato di benessere di una persona. Uno tra questi strumenti è l'**iridologia** che, con l'osservazione dell'iride nella sua forma e colori, permette di individuare quali organi hanno bisogno di essere tonificati, disintossicati e riequilibrati.

Una particolare disciplina, che ci permette di comprendere meglio gli squilibri presenti in noi o quelli a cui potremmo andare incontro, è la **kinesiologia applicata**. Vi siete mai chiesti come mai vi sentite forti nell'eseguire un particolare movimento e deboli nell'eseguirne altri? Chi si è dato la possibilità, almeno una volta, di allenarsi con i pesi, molto probabilmente si è potuto accorgere di riuscire a sviluppare con facilità la forza in alcuni di essi e molto meno in altri, nonostante l'impegno messo.

Volete saperne il motivo? I muscoli, secondo la medicina energetica cinese, sono strutture comunicanti con gli organi interni. Sentirsi forti nello svolgere particolari esercizi significa avere un organo corrispondente altrettanto forte e ben funzionante. Il contrario invece accade se il muscolo è debole o difficilmente allenabile.

Questa correlazione permette a un kinesiologo, o a chi utilizza questa terapia, di stimare il livello di benessere di una persona. Attraverso specifici test muscolari può essere valutato lo stato di salute di ogni singolo organo. Oltre a quest'indagine, la kinesiologia applicata utilizza come strumento di riequilibrio pressioni specifiche in alcuni punti del corpo. Queste pressioni sono atte a migliorare sia il funzionamento dell'organo, sia la forza di contrazione del muscolo corrispondente.

Valutare lo stato di benessere attraverso questo strumento permette di prevenire molte malattie e di intervenire ancora prima che un organo passi da una semplice disfunzione, o irregolarità, a una sua compromissione a livello strutturale, caso in cui per guarire è necessario l'intervento chirurgico o l'assunzione di farmaci a vita.

Anche attraverso l'**astrologia**, che studia i pianeti e le influenze che questi esercitano sulla natura, si può valutare lo stato di benessere psico-emotivo e fisico di ognuno di noi. Possiamo farla rientrare tra i fattori esterni che influenzano il nostro stato d'animo e quindi la nostra armonia.

Quell'influsso che ha la luna sul mare, responsabile delle maree, ha effetto anche sul nostro sangue che, oltre a essere anch'esso liquido, ha pure uguale grado di salinità. Allo stesso modo gli altri pianeti esercitano influenza sui differenti aspetti del nostro corpo. È come se nello spazio ci fossero tante calamite che attraggono le diverse parti di noi, come i minerali nel corpo, al determinando un cambiamento dello stato ormonale, emotivo e psicologico.

Attraverso lo studio delle energie che i pianeti trasmettono possiamo avere un'idea più chiara di noi e dei comportamenti che tendiamo ad assumere senza capirne i motivi. Possiamo scoprire ad esempio cosa più ci motiva all'azione, quello che ci dà serenità, in che modo ci rapportiamo con gli altri, la direzione che tendiamo a prendere nella vita in ambito lavorativo, i campi di interesse che più ci stimolano, le doti caratteriali che ci attraggono e molto altro ancora.

In altre parole possiamo accrescere la nostra consapevolezza e diventare artefici del nostro destino. Grazie alla conoscenza che acquisiamo tramite l'astrologia possiamo vedere con più chiarezza gli atteggiamenti, gli squilibri e i talenti che siamo propensi a sviluppare e vivere dentro di noi sia a livello emotivo che organico. Così facendo abbiamo la possibilità di scoprire più chiaramente come ristabilire quell'equilibrio che ci porterà alla serenità interiore e al benessere olistico.

Oltre questi aspetti occorre poi considerarne degli altri come:
- la **qualità del movimento** che riguarda principalmente lo sport e lo stile di vita;

- **come comunichiamo**, influenzando così la capacità empatica, il modo di affrontare i conflitti e la qualità dei rapporti che riusciamo a costruire;
- la **consapevolezza del nostro mondo interiore** costituito dal pensiero, dalle convinzioni, dai valori, dai modelli di riferimento e dall'idea profonda di noi stessi che, attraverso le tecniche di PNL spiegate in questo libro, possiamo potenziare.

SEGRETO n. 6: il potere di cambiare la consapevolezza e di determinare il nostro destino non dipende dagli altri, ma solo da quanto e come ci prendiamo cura di noi.

Come si passa dalla salute alla supersalute
C'è chi va dal medico nel momento in cui diventa insopportabile il dolore o il disagio che una disfunzione organica porta. Queste persone adottano un atteggiamento superficiale verso se stesse al punto da ignorare i segnali che il corpo sta loro inviando. In questo modo arrivano a trascurarsi fino ad aver bisogno di un intervento chirurgico per ripristinare il loro ormai precario stato di salute.

Chi invece si prende cura di sé non è solo più attento e sensibile, ma è anche e soprattutto una persona che ricerca una migliore qualità della vita senza fermarsi al concetto di «sto bene se non sono malato», ma sostenendo quello di «sto bene perché mi sento vivo, vitale, energico, grintoso, felice di esistere, innamorato della vita».

Sostanzialmente questi due modi di affrontare la vita e la malattia sono paragonabili alle due differenti medicine esistenti oggi:
- la medicina farmacologica e chirurgica;
- la medicina naturopatica e psicosomatica.

La differenza più evidente tra questi due approcci è rappresentata dalla loro visione dell'essere vivente e, di conseguenza, dal modo in cui cercano di condurlo al benessere. Mentre il medico chirurgo s'interessa del quadro sintomatologico della malattia per poi andare a controbilanciare, attraverso la somministrazione di farmaci, le reazioni chimiche derivanti, il naturopata fa prevenzione interessandosi delle cause psico-emotive ed energetiche che si nascondono dietro un malessere.

L'attenzione del naturopata è rivolta a comprendere quali energie sono bloccate o entrate in conflitto dentro il paziente e che potrebbero riguardare un modo poco vantaggioso di pensare, di interpretare e vivere quelle situazioni che lo coinvolgono. Così facendo, si propone di agire depurando l'organismo da tutto ciò che limita il normale scorrere delle energie rappresentate da pensieri, emozioni, funzioni organiche ecc. Riequilibrando l'organismo vengono stimolate quelle risorse interiori della persona che le permettono di conquistare l'armonia interiore e il benessere.

Possiamo dire dunque che da un lato vi è la medicina allopatica con tutte le relative controindicazioni ed effetti collaterali dei farmaci consigliati, dall'altro quella naturale preventiva.

Prenderci cura di noi significa, dunque, oltre che prevenire la malattia e riequilibrare il nostro corpo, voler anche andare oltre quello stato di salute, normalmente concepito, al fine di vivere una vita più piena e in armonia con il nostro essere.

RIEPILOGO DEL CAPITOLO 1:

- SEGRETO n. 1: uscire fuori dal proprio guscio e dai propri limiti di fede autoimposti è la prima chiave per ottenere di più dalla vita.
- SEGRETO n. 2: per aumentare il nostro potere dobbiamo liberarci da tutto ciò che ci frena, che ci inquina e ci squilibra, attraverso tre azioni: depurare, sostenere e riequilibrare.
- SEGRETO n. 3: la nostra strada non è prestabilita, ma la determiniamo noi attraverso le convinzioni assimilate e le decisioni prese. Siamo noi i veri artefici del nostro destino.
- SEGRETO n. 4: se vogliamo sapere come stiamo veramente non è sufficiente guardare al dolore del corpo, ma anche e soprattutto agli stati d'animo che viviamo più spesso.
- SEGRETO n. 5: la forza che è in noi proviene dalla natura. Se vogliamo sentirci vitali, energici e potenti ci basta riavvicinarci al mondo naturale fatto di piante, fiori, mare, aria e sole.
- SEGRETO n. 6: il potere di cambiare la consapevolezza e di determinare il nostro destino non dipende dagli altri, ma solo da quanto e come ci prendiamo cura di noi.

CAPITOLO 2:
Come far emergere il meglio di sé

Troppo ciechi per sentire: come darsi nuove possibilità
Come abbiamo già avuto modo di capire, giudichiamo la realtà in funzione della nostra capacità di percepirla e, così come siamo limitati nel vedere e nel sentire, allo stesso modo lo siamo nell'intendere il tempo e la velocità.

Il nostro occhio è capace di captare solo un numero limitato di fotogrammi al secondo. È per questo che, vedendo in un film le immagini che si susseguono rapidamente, le recepiamo come figure in movimento e non statiche, come è in realtà sono. Così abbiamo imparato a escludere dalla nostra considerazione tutto ciò che non identifichiamo, come le onde elettromagnetiche, i raggi X, i fotoni eccetera. E sulla nostra incapacità di percepire interamente la realtà si basa il nostro giudicare cosa è reale e cosa no. I cambiamenti avvenuti a livello sociale hanno contribuito a modificare il nostro approccio al reale. Si pensi a come è cambiato il ritmo delle scene e dei dialoghi nei film. Ora tutto è più rapido e si tende a eliminare le pause e ogni tipo di rallentamento. L'avvento della televisione ha poi portato alle estreme conseguenze l'ideologia della velocità visiva. Inoltre ci ha spinti a sviluppare una comunicazione con il mondo esterno basata unicamente sulla vista, al punto che crediamo più a ciò che vediamo rispetto a ciò che rileviamo con gli altri sensi. Ci stiamo abituando a vivere la vita prendendo in considerazione quasi solo ciò che è visibile.

Da qui deriva una propensione generale ad avere più fiducia in un intervento chirurgico rispetto che a un riequilibrio energetico apportato con l'agopuntura, con i fiori di Bach o con la meditazione. Quello che mi chiedo è se ognuno di noi si accorge di quanto la società influenzi la nostra capacità di sperimentare la vita in prima persona, senza fare necessariamente affidamento su ciò che ci viene proposto come vero e assoluto dagli altri. Alcuni concetti, come ad esempio l'ispirazione artistica, sono socialmente accettati, forse perché non ci toccano più di tanto personalmente. Altri, invece, non trovano in noi la stessa accoglienza, probabilmente perché, dovendo scegliere tra il visibile e l'invisibile, prendiamo tutti la via di San Tommaso. Sta di fatto che, così facendo, diventiamo incapaci di riconoscere i nostri limiti (che siano per demerito nostro o per merito altrui) e ci chiudiamo sempre più in una visione della vita statica ma socialmente riconosciuta.

Ognuno ha la possibilità di sperimentare la vita in prima persona e di scoprire il fascino che nasconde. Sta a noi sentirci liberi di farlo oppure di seguire ciecamente ciò che gli altri vogliono necessariamente farci credere. Riguardo alla velocità, siamo più capaci di apprezzare un animale rispetto a una pianta perché, grazie al movimento, stimola maggiormente la vista. Nonostante questo sia assolutamente naturale, non lo è invece considerare la pianta come un oggetto che non vive. Non è naturale dare a un essere animale più dignità che a uno vegetale. Siamo capaci di immedesimarci in un animale piuttosto che in un vegetale, nonostante anche questo respiri, viva e cresca come noi, solo perché i nostri sensi non ci permettono di vedere i suoi micromovimenti vitali. Se riuscissimo a percepire la vitalità di una pianta, di un albero o di un fiore, sicuramente saremmo più sensibili davanti a un incendio che li devasta o all'abbattimento di un bosco, in quanto li considereremmo vivi e parte di noi.

Anche la possibilità di godere della natura è molto influenzata dalla nostra capacità di percepirla come viva e non ci viene in mente neppure lontanamente di considerare amico, oltre a essere una persona o un animale, un albero o un fiore o una pianta. Non siamo capaci neppure di immaginare la linfa che scorre in loro come in noi scorre il sangue. Non ragioniamo sul dato di fatto che una pianta si nutre così come noi mangiamo, né che possa emozionarsi come facciamo noi. Figuriamoci riuscire a pensare a un vegetale innamorato e capace di trasmettere il suo amore a noi. Magari lo fa, ma siamo troppo ciechi e troppo sordi per vedere e sentire quell'affetto.

La vita che scorre in noi è del tutto simile a quella presente in ogni altro essere vivente e, in quanto parte di essa, possiamo interagire con tutto ciò che è vivo. Possiamo confidarci con un amico per sentirci compresi; possiamo aprirci a un'altra persona per scambiare emozioni, energie. Sarebbe bello se lo stesso ascolto che talvolta riusciamo ad avere nei confronti delle persone fosse estesa anche al mondo vegetale, a quello minerale, al cielo, ai pianeti, alla vita intera. Possiamo scambiare le energie con l'intero universo. Basta solo un'apertura da parte nostra.

SEGRETO n. 7: consapevoli dei nostri limiti percettivi, possiamo trovare nuove vie per la felicità attraverso l'intuito, la fiducia in noi stessi e il coraggio di andare controcorrente.

La grande opportunità svelata
Molti considerano la malattia come qualcosa da combattere, da distruggere, da condannare come se fosse inutile alla vita. Essa invece, se solo ci dessimo la possibilità di conoscerla meglio, assumerebbe un valore diverso. Eppure, pensateci un attimo: se non ci fosse la malattia si passerebbe direttamente dalla salute alla morte, non credete?

La malattia non è altro che la voce dell'anima, che ci sta comunicando la strada per la nostra realizzazione e la nostra serenità. Quando ci sentiamo poco bene è inutile e dannoso far finta di niente o, peggio ancora, assumere dei sedativi per non sentire il dolore. In realtà quello è un momento importante per la nostra vita; ci aiuta suggerendoci di fermarci, di interrompere quella frenetica routine alla quale volontariamente ci sottoponiamo ogni giorno e di compiere l'unico atto davvero significativo per noi: ascoltarci.

Attraverso l'ascolto di noi stessi possiamo ridare ordine a una vita che urla e che ci implora di porre attenzione a quei bisogni dell'anima necessari per conquistare il benessere, la serenità e la realizzazione. È dunque un modo per comprenderci meglio, per liberarci da ciò che ci inquina e ci debilita.

La malattia può evidenziare un bisogno di affetto, di attenzioni, di voglia di prendere contatto con i nostri sentimenti o far emergere un senso di colpa dovuto al tradimento dei nostri valori. Può evidenziare un bisogno di semplicità, di voglia di vivere in modo più leggero e spensierato, di voler ritornare a giocare, di far rivivere quel bambino che è in noi e che, per il bisogno di importanza e di competizione, abbiamo soffocato.

Ci dà anche la possibilità di accrescere la nostra sensibilità e di uscire per un po' fuori da noi stessi per ammorbidire quell'ego che ci fa assumere atteggiamenti seriosi e di chiusura verso idee e modi di vivere diversi dai nostri. Quante volte siamo così presi dai nostri impegni al punto da notare a malapena gli altri, le loro richieste, i lori bisogni? Ci isoliamo sperando di sentirci sempre più importanti per poi accorgerci di aver fatto terra bruciata intorno. Quando arriva la malattia, che sia anche una semplice influenza, ci si accorge improvvisamente di tutto questo. È come se ci fosse data, in quel momento, l'occasione per aprire gli occhi.

Anche la capacità di apprezzare la vita in ogni sua forma e di sentirci parte di qualcosa di più grande di noi cresce durante il periodo dell'infermità. Tutto questo, però, non significa glorificarla, né tantomeno concentrarci su di essa, ma soltanto fermarci un attimo per entrare più in contatto con noi stessi, ascoltarci e riallinearci a ciò che vogliamo davvero.

Continuare a considerare il malessere fisico come qualcosa da combattere o da nascondere a noi stessi, assumendo farmaci per spegnere i sintomi e alleviare la sofferenza, vuol dire non voler dare ascolto alla nostra anima, ma al nostro ego. È la prova che siamo fermi sulle nostre posizioni, che non solo non ci evolviamo come esseri umani, ma neanche espandiamo la consapevolezza dell'intera umanità, perché è questo che succede, quando affrontiamo e superiamo i nostri disagi. La scelta spetta solo a noi.

SEGRETO n. 8: il malessere fisico e la malattia sono una grande opportunità per il nostro miglioramento, perché ci permettono di fare l'atto più significativo per noi: ascoltarci.

Come agire sul corpo per cambiare la mente

Troppo spesso si dividono la mente e il corpo come se fossero due entità inconciliabili. Se fosse così potremmo poggiare la testa sul comodino, quando andiamo a letto, non credete? Si pensa alla mente come alla fonte di tutto ciò che siamo: della personalità, del nostro essere unici e differenti dagli altri. Eppure sentiamo le sensazioni attraverso il tatto, proviamo emozioni attraverso lo stomaco e la pancia, ci eccitiamo attraverso la nostra sessualità e gli organi annessi.

Il sangue circola dalla testa ai piedi, eppure ancora dividiamo il corpo dalla mente, forse per un'esigenza di comprensione, ma non ci sogniamo neppure di definire il corpo come pensante, come qualcosa che ci caratterizza forse anche più della mente. Se proviamo fastidio allo stomaco, questo va a influenzare i pensieri e, di conseguenza, lo stato d'animo, facciamo fatica a considerare di agire direttamente su di esso anziché sulla testa. Così come i pensieri producono uno stato d'animo che influenza tutto il corpo attraverso la secrezione di ormoni, il cambiamento del respiro, della postura, del PH e di tutta la nostra essenza, allo stesso modo una sensazione che proviene dallo stomaco o da qualsiasi altra parte del corpo può cambiarci lo stato d'animo e il modo di pensare. Siamo così presi dai nostri pensieri che abbiamo dimenticato di ascoltare anche le sensazioni provenienti da altre parti del corpo che non siano la testa.

Avete mai notato come a volte basti una sola carezza a produrre un cambiamento di umore pari all'assunzione di qualunque sostanza? Eppure, in quel caso, la reazione non è causata dal pensiero, ma da una sensazione tattile! O ancora, vi siete accorti di come il calore del sole sulla pelle produca un cambiamento di atteggiamento e induca benessere senza necessariamente pensare ad alcunché? Tutto questo ci porta a comprendere che per sentirci bene non è indispensabile pensare, ma semplicemente lasciarsi andare alla vita, dandoci la possibilità di godere dei suoi doni senza sentirci in dovere di avere sempre un ruolo nel mondo. Troppe volte ci danniamo l'anima per compiere quelle azioni che ci rendono fieri e che danno un significato alla nostra vita. Più raramente, invece, mettiamo tutte queste competizioni da parte, per vivere pienamente il momento presente. Basterebbe solo questo per rigenerarci e svincolarci da un abito che ci siamo cuciti troppo stretto addosso.

Quanti siamo ad amare la libertà? Credo tanti, io di certo, eppure non permettiamo a essa di coinvolgerci e di farci volare in alto al di sopra dei limiti spesso autoimposti. Vogliamo sentirci sicuri e per questo bisogno di sicurezza abbiamo tradito la libertà, chiudendoci in noi, nelle nostre abitudini e nei modi di pensare prestabiliti e difficilmente variabili. Quando permetteremo al nostro corpo di vivere senza pensieri, senza il bisogno di confrontarci con l'idea che ci siamo fatti di noi, allora potremo davvero esplorare la vita in modo nuovo, liberi di essere ciò che vogliamo, senza idee rigide, liberi di elevarci e di elevare lo spirito umano. Forse, a questo punto, vi starete chiedendo come si fa a vivere liberi. Cosa bisogna fare per riuscirci? Ebbene, nonostante appaia semplice ciò che sto per dirvi, non lo è per niente. Ciò che dobbiamo fare è in realtà *smettere di fare*, ovvero smettere di pensare azzittendo la mente, al fine di vivere alcuni momenti nell'assoluto silenzio interiore. Questo ci permette di spostare l'attenzione dalle parole, che continuamente ci bisbigliamo dentro, alle sensazioni e percezioni che il nostro meraviglioso corpo è in grado di sentire.

Ciò che accadrà sarà per ognuno qualcosa di unico, di impossibile da paragonare e diverrà parte del proprio percorso di vita che farà provare l'ebbrezza della libertà. La difficoltà nel riuscire a vivere pienamente la libertà è legata alla voglia di essere migliori degli altri, di essere importanti. È per questo bisogno che siamo così legati al pensiero che ci permette di agire e realizzare qualcosa di cui essere orgogliosi. Alcuni pensano all'orgoglio come a un valore, non considerando che spesso è proprio questo che impedisce di essere liberi e innamorati della vita.

SEGRETO n. 9: per vivere da persone uniche dobbiamo pensarci come integri anziché separati. Abbandoniamo la competizione, il confronto e tutto ciò che ci frammenta e iniziamo a lasciarci andare alla vita.

L'importanza di distinguere piacere e dolore da bene e male
Cos'è per te il dolore? È male o è bene? E il piacere? Spesso diamo per scontato che tutto ciò che ci provoca dolore sia male mentre ciò che ci procura piacere sia bene. Se fosse così, anche le droghe o il mangiare in abbondanza sarebbero un bene. Eppure sappiamo con certezza che questi presunti piaceri sono responsabili di una morte prematura. È fondamentale distinguere il dolore dal male così come il piacere dal bene. Molte delle pratiche riequilibranti possono procurarci dolore nell'immediato ma benessere a lungo termine. Anche un semplice massaggio decontratturante può risultare doloroso quando si è accumulata molta tensione nei muscoli, eppure ci fa bene perché ci permette di riportare scioltezza e rilassamento al nostro corpo. È naturale che ci sia anche ciò che ci procura piacere e ci fa star bene così come c'è il dolore che ci fa male. Concludendo, possiamo dire che dolore, piacere, bene e male sono aspetti separati che vanno valutati distintamente evitando di fare confusione.

SEGRETO n. 10: per orientarci nella vita non dobbiamo scegliere il piacere ed evitare il dolore, ma optare per il bene piuttosto che per il male.

Come cambiare i pensieri per influenzare lo stato di salute

Ciò che è importante comprendere, nel momento in cui ci si sente poco bene, è il potere che hanno i pensieri sul nostro stato di salute. Tempo fa, facendo ricerche sulla percezione e sulle capacità umane, mi affascinò in particolar modo un concetto della PNL che da allora ha cambiato il mio modo di vedere e vivere la vita.

Il succo di tale concetto è il seguente: «Ciò che riteniamo realtà altro non è che il frutto di distorsioni, generalizzazioni e cancellazioni che operiamo continuamente con la mente al fine di rendere la vita adatta a come siamo noi». Questo concetto può essere arricchito con: «È grazie alle diversità che riusciamo a distinguerci dagli altri».

Per comprendere, pensiamo alla realtà come a un'abitazione: come noi arrediamo una casa per renderla comoda, confortevole e capace di esprimere il nostro modo di essere, alla stessa maniera distorciamo la realtà per renderla adatta a noi. Se possiamo fare questo, possiamo anche utilizzare la mente per sentirci nuovamente bene. Un altro concetto che mi fece riflettere durante il mio percorso di ricerca fu quello espresso da Albert Einstein, ovvero: «Tutto è relativo. Prendi un ultracentenario che rompe uno specchio: sarà ben lieto di sapere che ha ancora sette anni di disgrazie».

Riflettendoci, noi *siamo* sempre rispetto a qualcos'altro, ad esempio: siamo piccoli rispetto al pianeta ma grandi rispetto a un microbo. A prescindere da chi siamo, se pianeta o microbo, siamo entrambi percorsi dalla vita e in quanto esseri viventi siamo come mondi a sé stanti, interconnessi e uniti dall'aria, dall'energia, dall'inconscio collettivo.

L'aspetto più interessante è che a volte ci sentiamo piccoli e inadeguati, altre dei giganti capaci di tutto e in funzione di questa sensazione noi agiamo e plasmiamo la realtà.

Posto che un consulto medico/specialistico non è da prescindere (specialmente in caso di malattie gravi), tutti questi esempi rendono evidente il grande potere dei pensieri e delle parole con le quali ci esprimiamo, soprattutto in uno stato di salute vacillante, in quanto essi influenzano i nostri atteggiamenti e le nostre sensazioni, modificando il rapporto che abbiamo con la realtà.

SEGRETO n. 11: la nostra mente, il nostro corpo e la nostra comunicazione sono un tutt'uno. Questo significa che curando il linguaggio possiamo cambiare il nostro stato psicofisico.

Come innalzare il proprio potere

Ci sono persone in grado di realizzarsi e ottenere i risultati che desiderano con facilità e disinvoltura. Altre, invece, fanno sforzi immani per ottenere risultati irrilevanti. Qual è la differenza tra queste due tipologie? Come fanno le persone di successo a diventare tali? Quali caratteristiche le contraddistinguono? C'è qualcosa che sfugge alla maggior parte di noi, che ci impedisce di vivere una vita soddisfacente che rispecchi il nostro vero potenziale? Cos'è che consente di avere successo? La risposta a queste domande è: *il potere personale*. C'è chi lo sa incrementare e gestire e chi, invece, si lascia trascinare dagli eventi facendosi influenzare dagli altri e vivendo in modo confuso e senza energia.

E tu che idea hai del potere? A questa parola sono associati molti significati. C'è chi lo vede come la capacità di imporsi sugli altri facendo fare loro ciò che desidera. Questa però è effimera e ha una durata limitata relativa al ruolo che si assume. Uscendo fuori dal ruolo in questione si perde ogni forma di potere.

Il potere personale, per me, è il saper gestire la propria energia interiore e la forza d'animo, al fine di vivere la vita che si desidera riuscendo a rendere concreti i propri sogni. Chi ha potere personale è, dunque, una persona che si sa prendere cura di sé, che conosce i propri limiti e potenzialità. È colui che sa essere flessibile, che sa sfruttare al meglio le proprie risorse affinché anche le situazioni più difficili possano essere trasformate in opportunità di crescita e di soddisfazione personale.

A questo punto c'è da chiedersi: cos'è che dà potere? Cos'è che permette di far crescere la fiducia in se stessi al punto da trasformare le difficoltà in sfide entusiasmanti? La risposta, com'è ovvio, è il benessere interiore. Sia chiaro, non il *non star male*, il tirare a campare, ma lo stare *straordinariamente bene*. Come vedremo tra poco, ogni parte del nostro corpo ha funzioni psichiche ed emozionali.

Fino a qualche decennio fa, le culture erano chiuse ermeticamente al punto da avere solo una visione limitata di ciò che ognuno di noi è e può fare. Oggi, con l'avvento della globalizzazione e di Internet, questa consapevolezza si va sempre più espandendo dandoci la possibilità di integrare anche altre conoscenze al fine di superare i nostri limiti e vivere come desideriamo. Il nostro corpo è formato da cinque organi principali, ognuno dei quali ha anche, come dicevo poc'anzi, funzioni psico-emotive. I cinque organi principali ai quali sono legati i cinque poteri sono: cuore, reni, milza-pancreas, fegato e polmoni.

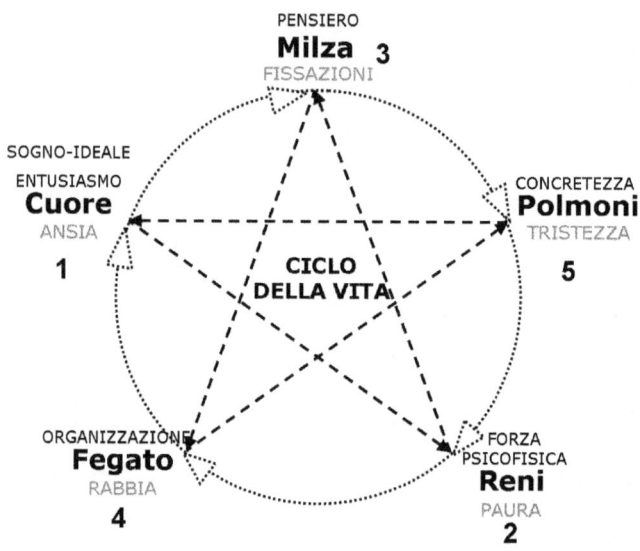

Ognuno di essi è utilizzato dal nostro corpo non solo per soddisfare quei bisogni fisici che ci permettono di sopravvivere, ma anche per aiutarci nel processo di crescita ed evoluzione personale. Dal punto di vista psico-emotivo, a ogni organo è legata una coppia di emozioni che rappresenta, nel cerchio della vita, i due lati della stessa medaglia.

ORGANO	ASPETTO POTENZIANTE	ASPETTO LIMITANTE
CUORE	Entusiasmo	Ansia, impazienza
RENI	Forza psicofisica	Paura
MILZA	Ragionamento	preoccupazione, pensieri fissi
FEGATO	Organizzazione, gestione	Rabbia
POLMONI	Concretezza, pragmatismo	Tristezza

Provare tutte le emozioni è segno di equilibrio interiore – a differenza del preferirne alcune a scapito di altre, che invece porta facilmente allo squilibrio e alla malattia. Cosa significa questo? Ogni emozione è il tassello di un processo di crescita ed evoluzione. Se si evita di viverne anche una sola, per paura di soffrire, si bloccano l'esperienza e il processo evolutivo a essa legati. Lasciate che vi faccia un esempio.

Ognuno di noi ha un sogno o qualcosa che desidera ardentemente. Potrebbe essere un viaggio in un luogo speciale, una casa immersa nel verde o in una grande metropoli, un'auto stupenda, una carriera ricca di successi, un conto in banca milionario o dell'altro ancora. Se vi dicessi che esiste un modo semplice affinché tutto ciò che desiderate venga trasformato in realtà, come vi farebbe sentire? Ricordate l'ultima volta che avete ricevuto una notizia incredibilmente stupenda al punto da potervi cambiare la vita? Cosa avete provato? Eravate felici, pieni di speranza, di entusiasmo? Se la risposta è si, allora avete attinto energia dal vostro **cuore**.

Se ora iniziate a percepire concretamente la possibilità che quel che avete sempre sperato si sta per realizzare, che sentori avete mentalmente e fisicamente? Ricordate quell'attimo che precede lo scartare un regalo che dalla confezione si preannuncia stupendo? E pensate all'apertura di una lettera nella quale è scritto l'esito di una prova sostenuta cui è legato il vostro futuro. O ancora provate a pensare a qualcosa di incredibilmente bello che sta per avverarsi. Come vi fa sentire? Se iniziate a provare una sensazione di forza e di vitalità, allora avete attivato le energie dei **reni**. Subito dopo aver ricevuto la magica notizia che potrà farvi realizzare ciò che avete sperato da tempo, come reagite? Ciò che viene spontaneo fare solitamente è iniziare a chiamare amici e parenti per informarli della notizia, ma c'è anche chi tiene tutto dentro per scaramanzia. In qualsiasi modo reagiate, arriverà un bel momento in cui, magari la sera, prima di addormentarvi, inizierete a pensare a come potrà cambiare la vostra vita.

Penserete alle mille prospettive entusiasmanti che si potranno aprire di fronte a voi e mille altri pensieri affolleranno la vostra testa. Non è così? Questo insieme di riflessioni, che ci permette di analizzare le singole situazioni, è legato alla **milza**.

Ora immaginate di essere più calmi, che tutto ciò che speravate accadesse sta per realizzarsi concretamente. Come immaginate di comportarvi in questa fase? Organizzarvi affinché tutto scorra nel miglior modo possibile potrebbe essere la risposta? Probabilmente inizierete a pianificare le vostre giornate, a stabilire ciò che va fatto, a guardare alla vostra vita posizionando le cose nel giusto ordine. A un certo punto potreste prendere carta e penna e fare un piano d'azione, magari andando su e giù per la stanza. Quello che comprende l'organizzazione e la distribuzione delle proprie energie, riguarda, dal punto di vista energetico e psico-emotivo, il **fegato**.

A questo punto manca un solo passaggio affinché il nostro sogno sia trasformato in realtà. Cosa serve? Ovviamente l'azione. Una volta finito di organizzare la nostra vita è necessario agire, essere concreti, pragmatici affinché i pensieri, le emozioni e tutto ciò che è poco tangibile venga trasformato in sostanza più pesante e consistente, ovvero in realtà. Questa capacità di concretizzare riguarda i **polmoni**.

Tutto questo processo, che porta dal sogno alla realizzazione e al successo, scorre senza intoppi quando siamo in armonia con noi stessi, quando godiamo di un benessere profondo. Se ciò non accade e, per un motivo o per un altro, ci troviamo in uno stato di malessere, potremmo bloccarci in una di queste cinque fasi, ognuna corrispondente all'aspetto funzionale ed energetico di un organo.

Provare ansia, anziché entusiasmo, per esempio, avviene quando siamo squilibrati energeticamente al livello del **cuore**. In questo caso le nostre forze si disorganizzano dandoci una sensazione di disordine interno che ci porta a sprecarle e a impedire che la realizzazione e l'evoluzione vadano avanti.

Oppure potremmo provare entusiasmo per l'idea, l'intuizione o il sogno che vogliamo realizzare, ma non sentirci all'altezza della situazione, di avere paura del successo o non avere voglia di impegnarci. Così proveremo una sensazione di congelamento, di blocco, di apatia anziché di forza psicofisica, compromettendo, anche in questo caso, la riuscita del nostro intento. Allora l'organo squilibrato energeticamente è il **rene**.

Potremmo anche sentirci al settimo cielo sia fisicamente che mentalmente e iniziare a pensare per poi perderci in un bicchiere d'acqua, negli stessi pensieri che si annodano, che tornano e ritornano fino all'ossessione. Succede spesso a chi vuole analizzare tutto fin nei minimi dettagli senza saper andare oltre. In questo caso, l'organo squilibrato è la **milza**.

Se invece le sue funzioni sono equilibrate, potremmo avere pensieri fluenti ed efficaci per poi perderci nell'organizzazione e pianificazione di tutto ciò che concerne il nostro obiettivo. Questo porta spesso a un senso di sopraffazione e di nervosismo. L'energia, anziché fluire in modo armonioso, sale eccessivamente verso l'alto, ci arrossa il viso. Questo evidenzia uno squilibrio energetico a livello del **fegato**. Infine, se tutto il processo è svolto con disinvoltura fin qui, potrebbe succederci di fermarci all'ultimo gradino, quando bisogna passare all'azione. È il blocco caratteristico di chi non riesce a concludere, a fare quel passo in più per realizzarsi e trasformare la propria vita nel successo che merita. È come se tutta quell'energia si abbassasse improvvisamente portando a uno stato di tristezza. L'essere pragmatici è una funzione legata ai **polmoni**.

La sequenza di fasi, all'interno di ciò che io chiamo *cerchio della vita* e che si basa sugli antichi insegnamenti della medicina cinese, è solo un esempio di come il processo di crescita ed evoluzione può avvenire. In realtà potremmo partire da un'emozione, da un'azione, da un'intuizione, per poi andare a toccare ognuno dei percorsi sopra esposti. Ogni processo di crescita che, costituito da un cerchio a cinque fasi, porta a un risultato concreto, ci permette di apprendere una lezione di vita, integrarla dentro di noi ed elevarci a un più altro livello di consapevolezza e potere personale.

La vita è come una spirale in continua ascesa dove ogni giro rappresenta un livello diverso di consapevolezza. È per questo motivo che esisterà sempre la sofferenza, così come la gioia. Senza l'una non potrebbe esistere l'altra. Ciò che possiamo fare è decidere come affrontare il processo di evoluzione, che può assumere due qualità: *potenziante* o *limitante*. Quello potenziante viene fuori quando si è in un buono stato d'energia psicofisica ed equilibrio emotivo. Quello limitante, invece, emerge quando è presente uno squilibrio dentro di noi dovuto a uno stile di vita sbilanciato. Se questo squilibrio emotivo si protrae nel tempo va a influenzare anche le funzioni dell'organo e la sua struttura. Tutto ciò può portare alla malattia e a continui fallimenti personali.

Il successo e il perfetto funzionamento di tutti gli organi dipendono da un equilibrio interiore che ha a che fare con il nostro stile di vita:
1. alimentazione;
2. movimento e qualità del sonno;
3. abitudini;
4. relazioni;
5. modo di pensare;
6. valori e convinzioni;
7. identità.

Solo se si punta all'armonia interiore si può accedere all'aspetto potenziante che è dentro di noi. Nella vita si possono vivere anche emozioni come la frustrazione, la tristezza, la rabbia, ma è proprio grazie al loro superamento che riusciamo a percorrere un ciclo di miglioramento, imparare una lezione ed evolverci innalzando la nostra consapevolezza. Se ci accorgiamo di provare più frequentemente uno stato d'animo, adesso sappiamo che l'organo a esso associato è predominante o sopraffatto, cioè in iperfunzione o in ipofunzione. Questo ci dà delle indicazioni su dove porre l'attenzione per riequilibrare il nostro stato psicofisico.

L'aspetto più interessante, che ci infonde potere quando ne diventiamo consapevoli, è che una semplice disfunzione organica ci porta ad avere uno stato psico-emotivo corrispondente e ad assumere un conseguente comportamento.

Questo significa che controllando e gestendo il nostro modo di pensare, costituito da dialogo interno e immaginazione, noi possiamo modificare il nostro atteggiamento e dunque la funzione organica a esso corrispondente. Allo stesso modo possiamo passare da un equilibrio organico per ottenerne uno psico-emotivo. È lecito dunque sostenere che tutto è in funzione del nostro stile di vita. Vediamo ora le emozioni correlate ai vari organi, agli elementi e alle relative espressioni:

EMOZIONE	ESPRESSIONE	ORGANO	ELEMENTO
COLLERA	URLA	FEGATO	LEGNO
EUFORIA/ANSIA	RISO	CUORE	FUOCO
PENSIERO/PREOCCUPAZIONE	CANTO	MILZA	TERRA
TRISTEZZA/ANGOSCIA	PIANTO	POLMONE	METALLO
PAURA	GEMITI	RENE	ACQUA

Questi sono i movimenti primari e costituiscono la radice di tutti gli altri sentimenti che popolano l'animo umano. Quando i sentimenti sono prodotti con misura e regolatezza c'è armonia, altrimenti si crea uno squilibrio che si può manifestare in modo diverso a seconda della situazione.

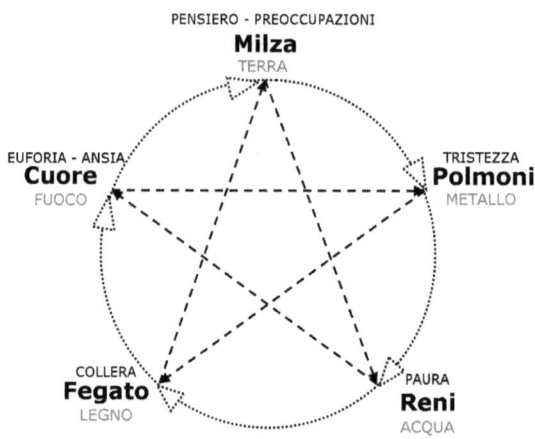

Nell'*I Ching* si legge: «L'ira danneggia il fegato, ma la tristezza equilibra l'ira. La gioia stravagante (o ansia di vivere) danneggia il cuore, ma la paura equilibra la gioia. Le preoccupazioni danneggiano lo stomaco/milza, ma l'ira equilibra la preoccupazione. L'angoscia eccessiva, o tristezza, danneggia i polmoni, ma l'euforia equilibra l'angoscia. L'estrema paura danneggia i reni, ma la simpatia e il pensare ad altro possono far superare la paura (col distogliere l'attenzione di qualcuno dai suoi problemi)».

Questo significa che una persona che prova prevalentemente rabbia ha uno squilibrio del **fegato** e ha bisogno di piangere per riequilibrarsi a differenza di chi ha una disfunzione energetica al **cuore**, che invece ha bisogno di provare paura. In questo caso una buona strategia potrebbe essere quella di far vedere film horror in modo da suscitare tale emozione e liberare, attraverso i gemiti, l'eccesso di energia causa dello squilibrio.

Se è la paura a essere predominante, vi sarà uno squilibrio energetico del **rene**. In questo caso la persona ha bisogno di simpatia, di distrarsi, di pensare ad altro. Se in essa predomina la preoccupazione, il pensare e ripensare sempre a qualcosa fino alla fissazione, sarà la **milza/stomaco** a patirne. Per riequilibrare quest'emozione è sufficiente provare rabbia. Infine, se è la tristezza l'emozione predominante, saranno coinvolte le funzioni del **polmone**. Il rimedio sarà ridere, provare euforia, gioia.

Quanto detto è molto importante per stabilire qual è l'atteggiamento più appropriato da far assumere a chi ha bisogno di ritrovare il benessere. Uno dei migliori modi per mantenere un equilibrio emotivo e, come abbiamo visto, anche organico, evitando oltretutto di scaricare le nostre emozioni su coloro con cui ci relazioniamo, è quello di fare sport o praticare qualche tipo di attività fisica.

SEGRETO n. 12: per tirare fuori il nostro potenziale è necessario puntare su uno stile di vita equilibrato. Diversamente anche le più piccole difficoltà sembreranno ostacoli insormontabili.

RIEPILOGO DEL CAPITOLO 2:

- SEGRETO n. 7: consapevoli dei nostri limiti percettivi, possiamo trovare nuove vie per la felicità attraverso l'intuito, la fiducia in noi stessi e il coraggio di andare controcorrente.
- SEGRETO n. 8: il malessere fisico e la malattia sono una grande opportunità per il nostro miglioramento, perché ci permettono di fare l'atto più significativo per noi: ascoltarci.
- SEGRETO n. 9: per vivere da persone uniche dobbiamo pensarci come integri anziché separati. Abbandoniamo la competizione, il confronto e tutto ciò che ci frammenta e iniziamo a lasciarci andare alla vita.
- SEGRETO n. 10: per orientarci nella vita non dobbiamo scegliere il piacere ed evitare il dolore, ma optare per il bene piuttosto che per il male.
- SEGRETO n. 11: la nostra mente, il nostro corpo e la nostra comunicazione sono un tutt'uno. Questo significa che curando il linguaggio possiamo cambiare il nostro stato psicofisico.
- SEGRETO n. 12: per tirare fuori il nostro potenziale è necessario puntare su uno stile di vita equilibrato. Diversamente anche le più piccole difficoltà sembreranno ostacoli insormontabili.

CAPITOLO 3:
Come l'amore può plasmare la nostra vita

«L'amore è la capacità e volontà di permettere alle persone a cui si vuole bene di essere ciò che vogliono essere, senza insistenza o pretesa alcuna che esse diano soddisfazione».

Wayne W. Dyer

Innamorati o addestrati all'amore?
Quando si parla di amore non si può non coinvolgere chi ci ha iniziati a questo sentimento: i nostri genitori o chi ne ha fatto le veci. Sono loro a darcene una prima definizione, al punto da inculcarci una soggettiva visione del sentimento. Spesso, almeno nella cultura occidentale, alla parola amore sono legati significati diversi e a volte contrapposti. Si tratta di un sentimento di affetto e allo stesso tempo di ricatto. In che senso? Nel senso che molto spesso dai genitori vengono pronunciate frasi come: «Se mi vuoi bene, mangia la minestra».

In questo modo il bambino inizia a confondere l'affetto con la convenienza. Allo stesso tempo anche ai complimenti viene legato l'affetto. Abbiamo imparato che chi ci fa degli elogi ci vuole bene o quantomeno tiene a noi. Eppure quante volte questo strumento è utilizzato in modo strategico? Quante volte ci siamo sentiti così "pompati" dai complimenti di qualcuno al punto da assecondare le sue richieste? «Tu che sei una persona intelligente e generosa, mi aiuti a finire di vendere questi prodotti? Quanti me ne puoi comprare?»

Persino l'avere idee uguali viene preso per un segno di complicità, di affetto, di amore: «Anche a me piacciono i film d'azione. Anch'io amo il colore giallo. Anche a me piace la pasta alla carbonara. Quante cose abbiamo in comune, vero?»

Se non ci fanno i complimenti, se non ci fanno i favori, se non ci aiutano per come vogliamo, se non sono d'accordo con noi o hanno gusti diversi significa che non ci amano e che non ci vogliono bene? Da quando in qua all'amore è legato il significato di convenienza, di utilità? È questo che siamo abituati a pensare e a vivere? Dove è andata a finire quella sensazione di benessere e di gioia legata, semplicemente, alla presenza dell'altra persona o al solo fatto di sapere che esiste e che fa parte della nostra vita?

Questo tipo di amore che si va tramandando da generazione in generazione è il motivo del malessere generale che vi è oggi. È anche il motivo per cui la coppia è diventata instabile e fragile. Oggi è l'amicizia a essere il sentimento più sincero: nell'amicizia, quella vera almeno, si è più liberi di essere se stessi. È più difficile essere criticati per non aver soddisfatto le aspettative e le pretese dell'altro. Vi è quella giusta distanza che permette di far sentire il proprio calore e allo stesso tempo di dare libertà proprio come due ricci che, se troppo vicini, si feriscono con i loro aculei e, se troppo lontani, muoiono di freddo. La giusta distanza permette loro di riscaldarsi a vicenda e di non pungersi.

Solitamente l'amicizia si differenzia dall'amore per l'attrazione e il livello di intimità fisica che si raggiunge. Ma è possibile che con il sesso subentrino il possesso e il senso di appartenenza, al punto da innescare meccanismi di gelosia che tolgono il fiato e costringono a fare ciò che non si sente. È davvero questo il tipo di rapporto d'amore che vogliamo vivere nella nostra vita?

È vero che i nostri genitori ci hanno insegnato il bene e il male e ci hanno dato delle regole base per comprendere e vivere l'amore. Ciò che è importante chiedersi è: sono queste le regole che stabiliscono, anche per noi, ciò che è amore e che lo distinguono da ciò che non lo è?

Un ultimo aspetto da considerare sono le regole che noi abbiamo dentro. È possibile che qualcuno ci ami, ma noi non lo recepiamo perché ciò che ci aspettiamo dall'altro è diverso dal suo modo di intendere e manifestare il sentimento? Sono domande necessarie che ognuno di noi farebbe bene a porsi per comprendere il tipo d'amore che vuol vivere nella propria vita.

Amare non significa essere utili all'altra persona, ma contribuire a spezzare le catene della sua schiavitù affinché diventi sempre più libera, indipendente e responsabile della propria vita. Solo così potrà essere in grado di realizzare il suo destino e la sua felicità. Diversamente potrà ambire solo a una felicità riflessa negli occhi degli altri.

SEGRETO n. 13: per vivere l'amore bisogna essere felici della propria vita, altrimenti si rischia di vedere il partner come un mezzo per soddisfare i propri bisogni, scambiando l'amore con la comodità.

Come distinguere la realtà dalle illusioni

Se c'è una cosa che può far perdere il proprio centro e il proprio equilibrio è l'amore. Non intendo qualcosa di profondo e spirituale, ma la fase iniziale del rapporto, quando perdiamo letteralmente la testa per l'altro, che diventa il centro dei nostri pensieri. Scalando la vetta delle nostre priorità tutto viene vissuto in funzione di lei/lui, è come se d'improvviso non avessimo più interesse per la nostra vita ma solo per quella dell'altra persona.

Sembra che in questa fase del rapporto non ci ricordiamo neppure di esistere, ci poniamo in secondo piano rispetto alle sue aspettative. È invece fondamentale riacquisire il senso della realtà, uscendo fuori dal quel mondo idilliaco fatto di continui pensieri, di sogni e di fervide immaginazioni, non perdere di vista la nostra vita e coltivare la nostra personalità.

Un particolare aspetto da considerare quando si è molto coinvolti da qualcuno è quello ormonale, talvolta è a causa di una forte attrazione sessuale che ci sentiamo particolarmente sentimentali e romantici. Questo vuol dire che alcune emozioni non sono così profonde come erroneamente crediamo, bensì uno scherzo degli ormoni che cambiano la chimica interna del corpo alterando la nostra percezione della realtà. Per questo motivo è importante capire se ciò che proviamo è legato a un sentimento reale o a un bisogno fisico.

Ciò che è importante, nell'amore, è riuscire a distinguerlo da tutto ciò che non lo è.

Prima di tutto bisogna capire che l'amore è qualcosa che parte da noi, dall'accettazione del nostro modo di essere in ogni suo aspetto perché solo chi è capace di amare se stesso potrà essere in grado di espandere tale sentire fino a coinvolgere il mondo che lo circonda.

L'egoismo e il pensare a se stessi non sono sentimenti negativi, ma anzi sono ciò che ci permette di volere bene a noi e agli altri.

La nostra grande sfida credo sia rappresentata dall'essere interamente noi stessi al cento per cento, ma lo possiamo fare solo apprezzando i nostri pregi e abbracciando i nostri difetti.

Ognuno ha la possibilità di trasmettere la sua unicità al mondo e contribuire così ad arricchirlo, dobbiamo dare ciò che abbiamo anche se ci sembra poco, perché potrebbe essere quello a fare la differenza per l'intera umanità.

La difficoltà maggiore nell'accettarci e amarci in ogni aspetto è data dai giudizi delle persone vicine che direzionano il nostro comportamento e modo di essere in funzione dei loro gusti o di ciò che è ritenuto "giusto" socialmente. Così facendo, siamo spinti a rifiutare alcune parti di noi fino a volerle cambiare, ignorandone il valore e l'unicità. Se ci pensate, tutto ciò che proviamo lo possiamo far provare anche agli altri, ma se ci reprimiamo per paura di essere rifiutati come possiamo pensare di trasmettere qualcosa di diverso, di unico? Prima di liberarsi dalla paura delle critiche bisogna rinunciare al piacere dei complimenti. Solo chi è insensibile ai complimenti, lo diventa anche alle critiche.

Nei rapporti amorosi ci sono aspetti che si vivono in modo positivo, altri in modo negativo. Per potersi distaccare da ciò che non ci piace è necessario prima allontanarci da ciò che ci piace. Faccio un esempio. Se ci accorgiamo di essere sensibili ai giudizi della persona con la quale abbiamo una relazione, al punto da credere di essere come lei ci definisce, allora abbiamo bisogno di distaccarci prima dai giudizi positivi, dai complimenti e da tutto ciò che ci fa sentire bene e felici. In altre parole vi sto parlando dell'accettazione e del rifiuto di noi in funzione dei giudizi del partner o delle persone che esercitano un'influenza sulla nostra capacità di giudizio.

È fondamentale imparare a distinguere l'amore dal sostegno, che è pur sempre una forma di convenienza, e assumersi interamente la responsabilità della propria vita, dei successi e degli insuccessi.

Spesso abbiamo sentito e, forse, abbiamo anche detto: «Mi hai fatto arrabbiare», «è colpa tua se sono triste». Così come: «Mi rendi felice»; «sono fiero di te». Tali affermazioni fanno emergere la convinzione che il nostro stato d'animo e l'idea che abbiamo di noi dipendano dagli altri. In questo modo nessuno potrà mai essere davvero responsabile di ciò che prova e di ciò che ottiene dalla vita. Per diventarlo è necessario non dare la responsabilità né la colpa agli altri di come ci sentiamo e di quello che pensiamo di noi, ma solo e solamente a noi stessi.

Fatta questa importante distinzione si può affermare che amare una persona significa, prima di tutto, accettarla in ogni suo aspetto, anche in quelli che non fanno ancora parte di noi. Solo così possiamo espandere la nostra capacità di amare oltre i gusti personali. Amare, dunque, ci spinge ad andare oltre noi stessi, ad ampliarci.

Ognuno è rinchiuso in un guscio fatto di abitudini, gusti, modi di pensare e agire che, uniti insieme, creano quell'idea di noi chiamata identità. Amare significa andare oltre la propria identità, rompere il guscio per espandere la propria capacità di accettare e amare la vita sempre più ampiamente. Ciò che ci permette di fare tutto questo è la spensieratezza, ovvero la capacità di vivere semplicemente, senza razionalizzare ogni differenza che percepiamo, senza giudicare in funzione di ciò che crediamo sia giusto e bello.

L'amore è molto simile a uno stato meditativo dove la mente è silenziosa e il cuore pieno di gioia e gratitudine per la sola possibilità che abbiamo di esistere e partecipare alla vita. "Stare da Dio" significa accettarsi e amarsi. Tutto il resto è all'esterno e non potrà mai darci ciò che vogliamo davvero.

SEGRETO n. 14: l'amore è dentro di noi e consiste nel sentirsi così grati alla vita da voler ricambiare questo sentimento condividendolo con gli altri. È un dare per il piacere di farlo, senza volere altro.

Come le proiezioni influenzano l'innamoramento

Quando ci rapportiamo per la prima volta a una persona, tendiamo a riempire con la nostra immaginazione la sua immagine e lo facciamo secondo i nostri gusti. La inquadriamo attaccandole etichette sopra per poterci sentire sicuri di conoscerla, per rendercela familiare.

Può succedere di vederla fare un gesto cordiale e le incolliamo sopra la definizione: «È gentile». Oppure la conosciamo in una serata in cui è riservata e nella nostra mente la cataloghiamo nella sezione "riservati". Ma, in realtà, quella persona può essere estroversa in un contesto e introversa in un altro, può essere gentile con una persona, o in un particolare momento, e rude con altri, o in differenti momenti.

Ognuno di noi è completo, vive dentro di sé ogni emozione e assume diversi atteggiamenti. Oltre a questo, tutti noi cambiamo nel tempo. Può succedere dopo aver conosciuto una persona, dopo aver vissuto un evento significativo, dopo aver parlato con un amico che ci ha fatto vedere la vita da un altro punto di vista eccetera.

Questo meccanismo di etichettare gli altri diventa ancora più evidente quando ci rapportiamo a chi ci piace e quando iniziamo una relazione affettiva.

La speranza e la voglia di vivere un sentimento fanno da padrone ai nostri comportamenti al punto che rendiamo perfetta quella persona dentro la nostra testa solo perché, non conoscendola, abbiamo inserito come pezzi mancanti di un puzzle quelli di nostro gusto. Quando, con il tempo, la conosciamo meglio e ci accorgiamo che quei pezzi che avevamo posizionato ben benino sono in realtà diversi da quelli reali, ci sentiamo delusi. Da qui nasce il disinnamoramento.

Per conoscere veramente una persona dobbiamo svuotare la mente da ogni ideale, uccidere tutti quei principi azzurri e principesse che abbiamo nella nostra testa, togliendo così ogni filtro attraverso il quale ci apriamo all'amore. «Il mio uomo deve essere intelligente, coraggioso, estroverso, brillante, ricco, gentile, bla, bla, bla». Poi si incontra qualcuno che in un particolare momento non esprime una sola di queste caratteristiche, e subito lo si esclude dalla ricerca del nostro amore.

Andiamo in giro con questo retino ultrafiltrante perseguendo un obiettivo fittizio; chissà se tutti i preconcetti non esprimano, in realtà, la paura di lasciarsi andare e innamorarsi.

Allo stesso modo, anche il rendere ideale ogni persona che si incontra porta a delusioni certe. Ci sono persone che vogliono vedere negli altri tutto il bene del mondo e alla fine cosa succede? Lo vedono veramente! Cosa intendo? La realtà ha bisogno di tempo per manifestarsi. Se vogliamo davvero conoscere una persona, partiamo dalla realtà e mettiamo da parte la fantasia e le presupposizioni.

Se qualcuno si comporta in un certo modo con noi, o con un'altra persona, in un determinato momento, non è detto che sia fatta necessariamente così. Potrebbe essere molto diversa. Sia in un caso che nell'altro, abbiamo costruito nella nostra mente un'astrazione, sapete perché? Molto probabilmente, siamo infelici con noi stessi.

Quando ci sentiamo insoddisfatti, annoiati o soli, vorremmo colmare il prima possibile quel vuoto e lo facciamo per come ci hanno insegnato a fare, ovvero rivolgendoci all'esterno e quindi cercando un rapporto intimo. La realtà è che quest'incantesimo dura poco, giusto il tempo di disilludersi e comprendere che quell'immagine che avevamo in testa era solo e soltanto un modo per stare meglio.

La cultura influenza molto questo modo di concepire l'amore. In quella occidentale, per esempio, si crede che tutto ciò che può farci star bene stia fuori di noi: Dio, l'amore, la libertà, la salute. I farmaci, ad esempio, soddisfano pienamente questa fede, in quanto ci portano dall'esterno qualcosa per guarire. Tutto ciò però è solo frutto di un lavaggio del cervello fatto fin dalla nascita.

La cultura orientale, invece, considera le risorse, così come l'amore, Dio, e tutto ciò che ci dà potere come qualcosa che è presente dentro di noi e che bisogna solo tirar fuori. L'amore non è qualcosa di materiale che possiamo prendere dall'esterno, ma è già compreso in noi e lo possiamo espandere anche agli altri.

Quando una persona è felice di sé, non ha bisogno di cercare qualcosa che riempia i suoi vuoti o che soddisfi i suoi bisogni; non costringerà nessuno a soddisfare i suoi bisogni, ma cercherà per sé e per gli altri la libertà di espressione e di scelta.

Fabio Volo, nel libro *È una vita che ti aspetto* (ed. Mondadori, 2004), esprime bene questo concetto: «Con te sarò nuovo. Ti dico queste parole nel periodo migliore della mia vita, nel periodo in cui sto bene, in cui ho capito tante cose. Nel periodo in cui mi sono finalmente ricongiunto con la mia gioia. In questo periodo la mia vita è piena, ho tante cose intorno a me che mi piacciono, che mi affascinano.

Sto molto bene da solo, e la mia vita senza di te è meravigliosa. Lo so che detto così suona male, ma non fraintendermi, intendo dire che ti chiedo di stare con me non perché senza di te io sia infelice: sarei egoista, bisognoso e interessato alla mia sola felicità, e così tu saresti la mia salvezza. Io ti chiedo di stare con me perché la mia vita in questo momento è veramente meravigliosa, ma con te lo sarebbe ancora di più.

Se senza di te vivessi una vita squallida, vuota, misera non avrebbe alcun valore rinunciarci per te. Che valore avresti se tu fossi l'alternativa al nulla, al vuoto, alla tristezza? Più una persona sta bene da sola, e più acquista valore la persona con cui decide di stare. Spero tu possa capire quello che cerco di dirti. Io sto bene da solo ma quando ti ho incontrato è come se in ogni parola che dico nella mia vita ci fosse una lettera del tuo nome, perché alla fine di ogni discorso compari sempre tu.

Ho imparato ad amarmi. E visto che stando insieme a te ti donerò me stesso, cercherò di rendere il mio regalo più bello possibile ogni giorno. Mi costringerai a essere attento. Degno dell'amore che provo per te. Da questo momento mi tolgo ogni armatura, ogni protezione... non sono solo innamorato di te, io ti amo. Per questo sono sicuro. Nell'amare ci può essere anche una fase di innamoramento, ma non sempre nell'innamoramento c'è vero amore. Io ti amo. Come non ho mai amato nessuno prima...»

A mio parere non può esistere l'amore senza la libertà, altrimenti non si tratterebbe che di un rapporto di dipendenza, di doppia solitudine, di oppressione. A tal proposito Osho (maestro indiano illuminato) definisce due livelli di rapporto: uno chiamato *amore-bisogno*, mentre l'altro *amore-essere*. Il primo è solo un'illusione, un falso sentimento spesso confuso con la lussuria, destinato a durare poco e a far soffrire. Il secondo si può definire invece vero amore, quello in grado di aumentare la propria consapevolezza, far crescere ed espandere la gioia che è già in noi. È questo il motivo per il quale amare significa, prima di tutto, adorare e amare se stessi, trovare la gioia nella propria vita e condividerla.

Diversamente si avranno solo frustrazioni, dipendenze e continue delusioni.

SEGRETO n. 15: se vogliamo sentirci innamorati non aspettiamo di ricevere, ma iniziamo a dare. La gratitudine e la generosità sono due buone basi di partenza per giungere all'amore.

Cosa rende completo l'amore?
Molti credono che vivere in coppia significhi perdere la libertà e fare ciò che vuole l'altra persona per non entrare in conflitto e non rovinare il rapporto. Io mi sono sempre chiesto che genere di rapporto fosse quello in cui si ha paura di perdere l'altro esprimendo se stessi.

Ciò che ci permette di avere un rapporto d'amore sereno nasce dalla sensazione di sentirsi liberi, di esprimerci per come siamo. Una persona che si sente libera è felice di vivere, di comunicare, di rapportarsi con gli altri in modo gioioso, di improvvisare la vita e di viverla in modo creativo e spontaneo.

Altri aspetti interessanti vanno comunque considerati. Uno di questi riguarda la *responsabilità*, una parola che esprime un concetto importante: abilità di rispondere di sé. Essere liberi significa assumersi la responsabilità delle proprie azioni e coltivare il rispetto e la fiducia, valori che sono alla base di un rapporto genuino. Essere liberi non significa dunque fare tutto ciò che ci pare come se fossimo single, ma sentirci liberi di esprimere le emozioni nel rispetto dell'altra persona e nella fiducia che ci si è scambiati vicendevolmente.

Molti credono anche che in un rapporto consolidato non siano più necessarie quelle premure e attenzioni che invece venivano dedicate al partner alla nascita della relazione, come se ormai sapessimo tutto l'uno dell'altra. A volte non vediamo che l'altro è un continuo fluire, qualcosa in continuo cambiamento. Lo trattiamo come se fosse statico, fermo, non considerando che siamo proprio noi, con il nostro sguardo chiuso, a vedere staticità in chi ci è vicino. Dobbiamo vivere il presente con sensibilità, senza farci influenzare dai ricordi e dalle idee stantie che ci siamo fatti del partner. Solo così ci diamo la possibilità di stupirci l'un l'altro e di rinnovare continuamente il rapporto.

SEGRETO n. 16: la libertà non va mai chiesta agli altri, ma conquistata dentro di sé. Se continuiamo a chiedere il permesso per fare o per essere, non potremo mai sentirci liberi.

Chimica indotta: sfruttare le proprie risorse per cambiare
Abbiamo mai fatto caso a come un'emozione piacevole ci faccia sentire bene fisicamente? Questa è ciò che io definisco *chimica indotta*, la capacità di cambiare la chimica del corpo attraverso il richiamo di stati d'animo positivi.

Ormai è risaputo che ogni emozione porta a una secrezione di ormoni da parte del corpo, a un cambiamento del PH, a una migliore ossigenazione del sangue tramite la respirazione e a una variazione dello stato di tensione della muscolatura. Certo, potremmo variare questo stato interno attraverso l'assunzione di prodotti chimici; oppure possiamo decidere di utilizzare le emozioni e altre soluzioni naturali per prenderci cura di noi e sentirci bene. Siamo parte di un intero che va oltre il nostro corpo, ma spesso dimentichiamo il mondo che ci circonda fatto di natura, di piante, di fiori, di essenze profumate: un universo che vibra e respira a un ritmo naturalmente vivo. Così come riusciamo a comprendere le persone a cui vogliamo bene immedesimandoci in loro e vibrando all'unisono, allo stesso modo possiamo fare con piante e fiori che hanno quelle caratteristiche di cui abbiamo bisogno.

Quando stiamo male è normale cercare all'esterno l'aiuto e la comprensione di cui abbiamo bisogno. Quello che non consideriamo è che possiamo trovare questo conforto anche nel mondo vegetale che ci è intorno, con i suoi profumi, i colori e con le energie che emana, al pari che nelle persone amiche.

È difficile capire quanto possa sostenerci il mondo vegetale, perché esso ha un modo di comunicare diverso dal nostro, privo di parole, e noi siamo incapaci di sentire ciò che trasmette con la sua presenza e con i suoi influssi. Ci sono piante, alberi, fiori che hanno caratteristiche vibrazionali molto affini ai nostri stati d'animo: entrando in contatto con loro, esse possono aiutarci a vibrare della stessa energia. Si tratta di essere in sintonia con aspetti emotivi di una pianta così come lo siamo con le persone che amiamo: è una forma diversa di amore.

Tendiamo a escludere ciò che non capiamo, ciò che è diverso da noi, creando dei filtri sempre più fitti che ci limitano e non ci permettono di vivere pienamente la vita. Incontriamo una persona che la pensa diversamente da noi e invece di espanderci, cercando di uscire per un attimo fuori dal nostro abituale modo di pensare e agire, ci ritroviamo a giudicarla e a criticarla al fine di sentirci nel giusto, di gonfiare il nostro ego e rinforzare l'idea che abbiamo di noi, anziché abbandonare quella stessa idea per rimodellarla ed espanderla ancora di più, così da oltrepassare quei limiti che ci siamo posti. Allo stesso modo non consideriamo le caratteristiche che hanno esseri non appartenenti al genere umano, perché siamo rinchiusi in questa nostra idea rappresentata dall'identità.

L'essere umano potrebbe sentirsi libero come un'aquila o forte come una quercia o sensibile come un petalo di rosa eppure non lo fa, perché preferisce chiudersi nel corpo, nei propri pensieri, in ciò che crede di essere. Con un atteggiamento di spensieratezza, di sensibilità e di apertura, chiunque può cambiare, iniziando da se stesso per poi trasmettere agli altri quell'energia, proprio come i cerchi in un lago dopo il lancio di un sasso nell'acqua.

Tutto questo significa che noi possiamo modificare il nostro stato psicofisico semplicemente lasciandoci andare alla vita, liberando la mente, nutrendoci di ciò che la natura dona, ascoltando l'intero universo che ci è attorno.

Coltivando la sensibilità, possiamo facilmente percepire e ascoltare le vibrazioni che ci circondano, possiamo vivere in armonia con ogni essere vivente riempiendo quei vuoti che si sono creati in passato e riportare all'equilibrio il nostro essere fatto di corpo, mente e anima insieme.

Ritornando alla chimica indotta, possiamo decidere se cambiare il nostro stato interiore attraverso l'ingestione di farmaci oppure richiamando uno stato d'animo adeguato attraverso un sapiente uso del corpo e della mente, concedendoci di tanto in tanto quei trattamenti riequilibranti che abbiamo citato e di cui si parlerà anche nei prossimi capitoli, che sono un toccasana non solo per il corpo ma anche e soprattutto per quell'energia che sentiamo scorrere dentro di noi. Inoltre, acquisire potere sulla propria vita significa diventare artefici del proprio destino, e questo lo si conquista imparando a prenderci cura di noi, come facevano i nostri avi che utilizzavano i prodotti della natura fatti di erbe, fiori, frutti, radici per superare ogni malattia e disagio interiore. La saggia medicina dei popoli antichi ha molto da insegnare sul potere della natura, al quale possiamo attingere per conquistare il vero benessere.

SEGRETO n. 17: tutto ciò di cui abbiamo bisogno per vivere nel benessere, nell'abbondanza e nell'amore non si trova nelle pillole ma solo e soltanto dentro di noi.

Partire dalle radici

Di fronte a un disagio qualsiasi, a una difficoltà o a una malattia, cosa siamo abituati a fare solitamente? Ad assumere farmaci, di norma, o addirittura a ricorrere a interventi chirurgici. È un po' come curare una pianta debole con diserbanti o potare i rami marci a un albero malato. Questo intervento però, nonostante possa apparire riparatore, in realtà fa poco per l'essere vivente, in quanto punta all'apparenza anziché all'essenza. Credete che tutto questo possa portare una pianta, un albero o un uomo a crescere sano e forte e raggiungere le vette più alte del cielo? Ne dubito fortemente.

Questa è la prima forma d'amore: la cura e la dedizione nei confronti di noi stessi. Se non ci prendiamo cura delle nostre radici, della nostra terra, del nutrimento che apportiamo al nostro organismo attraverso uno stile di vita equilibrato, come possiamo crescere e vivere bene? Prendersi cura di sé credete significhi trascurarsi fino a dover estirpare il marcio che abbiamo coltivato dentro di noi? Significa circondarci di piante infestanti e di parassiti che ci succhiano la vita, la voglia di esprimerci e di gioire? Oppure credete significhi essere premurosi e amorevoli verso noi stessi, nutrirci di tutto ciò che ci dà energia e circondarci di persone interessanti e ambienti sani? E se doveste scegliere tra queste due possibilità, cos'è che fareste?

Quando ci rivolgiamo all'esterno per rimettere in ordine qualcosa che non funziona come dovrebbe, è bene considerare che questo qualcosa, o qualcuno, può curare solo la nostra apparenza, i nostri rami, le nostre foglie e magari suggerirci quei nutrimenti che ci rinforzano. Dobbiamo però essere noi ad alimentare le nostre radici, affinché tutto il nostro essere cresca nel miglior modo possibile. Dobbiamo entrare nell'ordine di idee che se viviamo una vita fatta di abitudini squilibranti, nessun elemento esterno può esserci di vero aiuto. Quali risultati riusciamo a produrre se non modifichiamo le cose dentro di noi? Credete che, senza fare questo, ci si assuma davvero la responsabilità della propria vita, della propria felicità e della propria salute? No, di certo.

Chi vive cercando altrove quello che dovrebbe trovare in sé vive di illusioni, dà agli altri il potere di trasformare la sua vita in ciò che loro desiderano. È il tipo di persona che incolpa chi gli è intorno per il proprio modo di vivere, che continua a giustificarsi per i risultati mancati. «È colpa della politica; è colpa della società, della mia famiglia eccetera». Alcuni accusano dei loro fallimenti il destino o il caso: «Se è andata così vuol dire che doveva andare così! È stato il destino a volerlo». Avere potere significa assumerci la responsabilità rispetto alla nostra vita, a ciò che proviamo, a ciò che facciamo e ai risultati che produciamo. Se continuiamo a scaricare le colpe o a giustificarci non potremo far altro che perdere il controllo sul nostro percorso, finendo per vivere quello che gli altri decidono per noi.

SEGRETO n. 18: se vogliamo vivere appieno, dobbiamo assumerci la responsabilità della nostra esistenza, del nostro benessere e dei risultati che produciamo. Dare la colpa agli altri serve solo a peggiorare la situazione.

RIEPILOGO DEL CAPITOLO 3:

- SEGRETO n. 13: per vivere l'amore bisogna essere felici della propria vita, altrimenti si rischia di vedere il partner come un mezzo per soddisfare i propri bisogni, scambiando l'amore con la comodità.
- SEGRETO n. 14: l'amore è dentro di noi e consiste nel sentirsi così grati alla vita da voler ricambiare questo sentimento condividendolo con gli altri. È un dare per il piacere di farlo, senza volere altro.
- SEGRETO n. 15: se vogliamo sentirci innamorati non aspettiamo di ricevere, ma iniziamo a dare. La gratitudine e la generosità sono due buone basi di partenza per giungere all'amore.
- SEGRETO n. 16: la libertà non va mai chiesta agli altri, ma conquistata dentro di sé. Se continuiamo a chiedere il permesso per fare o per essere, non potremo mai sentirci liberi.
- SEGRETO n. 17: tutto ciò di cui abbiamo bisogno per vivere nel benessere, nell'abbondanza e nell'amore non si trova nelle pillole ma solo e soltanto dentro di noi.
- SEGRETO n. 18: se vogliamo vivere appieno, dobbiamo assumerci la responsabilità della nostra esistenza, del nostro benessere e dei risultati che produciamo. Dare la colpa agli altri serve solo a peggiorare la situazione.

CAPITOLO 4:
Come costruire un corpo vincente

Allo specchio: «In che corpo abito?»
Prima di intraprendere un movimento, dobbiamo sapere dove ci troviamo. Una valutazione completa comprende anche la forma fisica: siamo in sovrappeso? Abbiamo accumuli lipidici? Siamo fragili e troppo magri? Tale controllo ci serve per valutare se lo stile di vita che conduciamo è adatto al nostro corpo e al nostro benessere. Consideriamo che la struttura fisica dipende dal metabolismo e, in relazione a esso, dalle abitudini personali.

Ciò significa che quello che è uno stile di vita salutare per qualcuno, potrebbe non esserlo per qualcun'altro. Per questo motivo è importante partire dalla valutazione dello stato di forma nel quale ci si trova. Già, ma come si fa? Quanto è necessario dimagrire? Quando è preferibile disintossicare il corpo?

Per stabilirlo non basta salire sulla bilancia, né tantomeno confrontare il peso con qualche tabella di riferimento presente su giornali, libri, Internet o altro: è necessario costruire un riferimento interno legato a come ci sentiamo fisicamente, mentalmente, emotivamente e alle sensazioni che percepiamo. Questo ci permette di comprendere anche la fondamentale differenza tra benessere e bellezza: quest'ultima assume le caratteristiche che la società e la moda le attribuiscono in un determinato periodo storico.

Si inizia a parlare di bellezza nel V secolo a.C., con le sculture di Mirone, Fidia e Policleto, che concretizzarono la prima teoria estetica secondo la quale: «Un corpo è bello quando ogni sua parte ha una dimensione proporzionata alla figura intera».

L'atleta è il soggetto preferito dagli scultori classici e diventa il modello per rappresentare anche la divinità; nell'atleta e nel Dio le qualità morali (come l'autocontrollo, il coraggio, l'equilibrio interiore e la volontà) concorrono a fare la misura, il canone della perfezione di quegli esseri superiori con cui devono confrontarsi i comuni mortali. Nel corso della storia il canone di bellezza, soprattutto quello femminile, ha subito continue rivisitazioni. Nel XV secolo d.C. si preferiva una certa abbondanza di forme e di rotondità a esaltare la morbidezza del corpo, concezione molto diversa da quella del XX secolo, alla quale siamo abituati. Ora si prediligono per un corpo le forme lineari, con esempi di magrezza spinti al limite della sopravvivenza, sfocianti spesso nell'anoressia. Oggi si dà molta importanza all'eliminazione del grasso, da raggiungere col fitness o la chirurgia estetica.

Il benessere, invece, per quanto si pensi legato all'aspetto estetico, lo è solo in parte. Il corpo sul quale si vedono tutti i dettagli muscolari, come ad esempio la "tartaruga" sugli addominali dell'uomo e le vene in rilievo sulle braccia delle donne, mostra un perfezionismo estetico che va oltre il concetto di bellezza e che, a volte, può nascondere addirittura a scompensi funzionali organici con relativa compromissione della salute. Il benessere è, prima di tutto, il risultato del perfetto funzionamento di ogni organo del corpo e della sinergia tra loro: è lo stato di vitalità che ci si sente dentro, di buon umore, di voglia di fare, di serenità, di disinvoltura nel compiere gesti atletici, di buona memoria, di scioltezza muscolare, di apertura verso gli altri. L'aspetto estetico è secondario rispetto alla buona salute dell'organismo, ne è il riflesso esteriore.

Il nostro riferimento interno non sono gli altri o i canoni di bellezza che possono variare nel tempo, bensì il livello d'energia e benessere che sentiamo dentro di noi. È da questo parametro che dobbiamo partire per costruirci un magnifico corpo sano.

SEGRETO n. 19: per capire quanto è in forma il nostro corpo, non dobbiamo fare riferimento solo al peso o all'immagine riflessa allo specchio, ma ascoltare l'energia che sentiamo dentro e gli stati d'animo che viviamo.

Sulla bilancia
Capita spesso, nel momento in cui si decide di rimettersi in forma ed eliminare un po' di pancetta, di fianchi eccetera, di iniziare a seguire diete "fai da te" tentando di controllare i risultati salendo e scendendo continuamente dalla bilancia.

Questo, per quanto possa sembrare il modo giusto, porta a una valutazione superficiale di ciò che si sta facendo in quanto, non dimentichiamo, il calo di peso ottenuto in maniera affrettata coincide il più delle volte con una perdita di liquidi o con un momentaneo svuotamento dell'intestino.

Se si è "temerari" si può arrivare a perdere più chili in poco tempo con il risultato di avere un aspetto smagrito, poco vitale e magari con la pelle che, perdendo elasticità, rimane appesa restituendoci un risultato a dir poco sgradevole.

Misurare invece la massa magra (muscoli) e la massa grassa con gli adeguati strumenti è tutt'altra valutazione. Adottare questo metodo significa monitorare i risultati su due fronti: muscolare e adiposo. Se il volume e tono muscolare migliorano e al contempo la percentuale di grasso diminuisce allora si sta proseguendo verso il miglior risultato auspicabile.

Diversamente vanno fatte delle correzioni sull'alimentazione o sull'attività fisica (o su entrambe). Per questi motivi, almeno i primi tempi, è consigliabile affidarsi a una persona competente che sappia condurci sulla migliore strada per ottenere un corpo asciutto, tonico, bello e in salute. Uno dei più utilizzati metodi di valutazione è il **plicometro** che consente di misurare, attraverso *pliche* cutanee, la quantità di grasso in diverse parti del corpo al fine di proporre successivamente un'attività fisica mirata.

Uno strumento più tecnologico è l'**impedenziometro.** Questo misura la resistenza incontrata da un piccolo stimolo elettrico ad attraversare i tessuti, ed elaborandone i dati determina la percentuale di massa grassa, il livello di idratazione e il metabolismo basale del corpo (quest'ultimo utile per impostare un piano alimentare adeguato e monitorarne i risultati).

SEGRETO n. 20: per valutare il dimagrimento non bisogna guardare il peso sulla bilancia, ma la variazione della percentuale di grasso e di massa magra.

Come scoprire il proprio peso forma
La tabella sottostante, proveniente dall'Istituto Nazionale della Nutrizione, permette di calcolare il peso forma. Per farlo, occorre tracciare una linea che colleghi la statura a sinistra, con il peso sulla destra. La linea tracciata attraverserà la colonna centrale, dove sono riportati valori differenti per gli uomini e per le donne: le donne corrispondono al lato sinistro, gli uomini al destro.

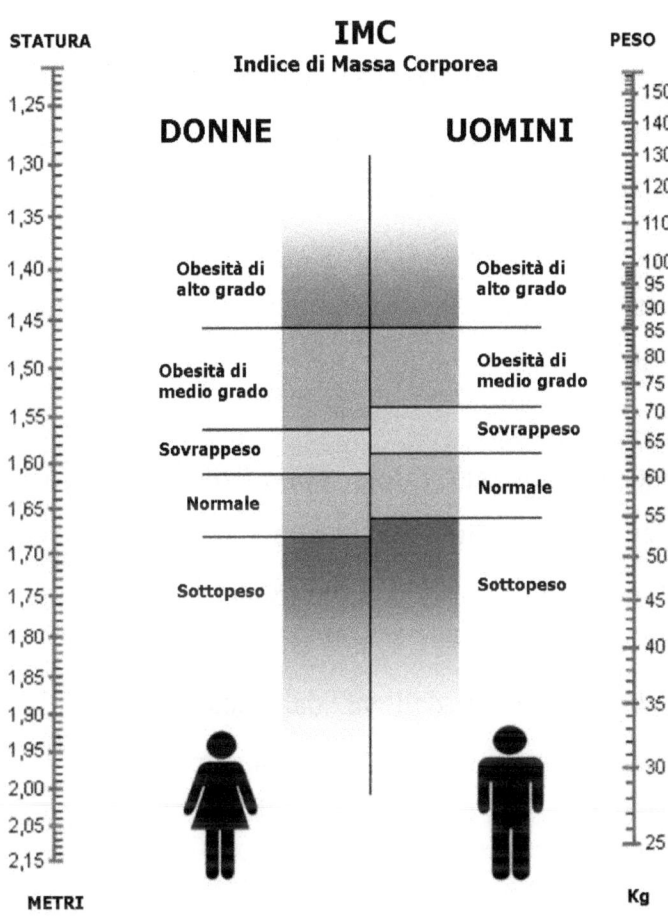

Questa tabella fornisce un riferimento piuttosto approssimativo rispetto al nostro peso ideale e, soprattutto, sulla forma fisica. È importante comprendere che due persone della stessa statura, dello stesso sesso, che hanno peso uguale, potrebbero trovarsi in uno stato di forma completamente diverso. Una potrebbe avere una percentuale di muscolatura pari al 60 percento con una quantità di grasso del 6 percento. L'altra potrebbe avere una percentuale di muscolatura pari al 45 sul totale con il 21 percento di grasso. In questo caso ci troveremmo di fronte a due figure dall'aspetto molto diverso: una flaccida e smagrita, l'altra tonica e muscolosa.

Nonostante questo, può essere molto utile confrontarsi con il risultato emerso, in quanto può aiutare a fare il primo passo verso la consapevolezza del proprio corpo e delle sue condizioni.

Il peso forma dipende dall'età, dalla statura, dal sesso, dalla propria costituzione e dallo stile di vita. Il peso e la costituzione di un atleta possono essere molto diversi da chi fa una vita sedentaria.

SEGRETO n. 21: uno strumento utile e semplice per una prima valutazione del proprio peso forma si può trovare nella consultazione della tabella dell'Indice di Massa Corporea (IMC).

«**Come mangio?**»

Valutato lo stato di benessere in cui ci troviamo, quale forma e consistenza abbia il nostro corpo, la prima domanda da porci, per comprendere come abbiamo fatto per costruirlo e mantenerlo tale fino a oggi è: «Come mangio?» Dalla risposta a questa domanda possiamo capire molto di noi: se mangiamo a intervalli regolari o meno, se abbiamo un ordine nella scelta degli alimenti o se prendiamo ciò che capita, se facciamo delle buone combinazioni alimentari, se preferiamo i cibi ricchi di carboidrati a quelli proteici o viceversa, se scegliamo alimenti magri o grassi eccetera.

Mettere tutto nero su bianco ci permetterà di avere un'idea più chiara di ciò che abbiamo fatto fino a oggi per avere il corpo che vediamo riflesso allo specchio. Non occorre essere un nutrizionista per riuscire a individuare le problematiche e gli errori ricorrenti della nostra alimentazione.

Su Wikipedia, enciclopedia online, è definita dieta «l'insieme degli alimenti che gli animali, esseri umani compresi, assumono abitualmente. Lo stesso termine si usa in italiano corrente e popolare per identificare sia le diete dimagranti che quelle specifiche per l'ottenimento di differenti risultati sul proprio fisico, come ad esempio le diete a scopo atletico». Con l'elenco dei cibi che mangiamo abitualmente tra le mani, sapremo valutare cosa va cambiato in funzione dell'obiettivo da raggiungere.

SEGRETO n. 22: scrivere su un foglio l'elenco degli alimenti che preferiamo e di come mangiamo è un metodo efficace per prendere consapevolezza del nostro rapporto con il cibo e ottenere risultati diversi da quelli avuti finora, sia esteticamente che energeticamente.

Vero dimagrimento o rincorsa per ingrassare?
Quando abbiamo fretta di dimagrire, dopo aver rinviato più volte l'inizio di una dieta che ci permetta di ritornare in forma, spesso si commette l'errore di esagerare. Si iniziano a fare digiuni intervallati da alimenti poco salutari al fine di vedere valori più bassi sulla bilancia. Quanto dura secondo voi questo impegno? E che sensazione avete rispetto a quello che state facendo? La parola "tortura" rende bene l'idea, vero? E cosa succederà quando arriverete a non poterne più di queste torture? Che riprenderete a

mangiare come prima se non di più, giusto? È come se aveste preso la rincorsa per ingrassare più di prima.

Questa "strategia" dimagrante è piuttosto diffusa, nonostante il suo risultato sia il perdere inizialmente del peso per poi lasciarsi andare a scorpacciate di tutto ciò a cui durante il periodo di tortura abbiamo rinunciato. È il meccanismo che viene comunemente chiamato *effetto yo-yo*: si arriva a un peso che fa star male con se stessi per poi trovare la forza di mettersi a dieta fino a quando non ce la si fa più e si riprendono tutti i chili persi per aggiungerne anche degli altri.

Ma come si fa allora a dimagrire costantemente e con facilità riuscendo a mantenere poi lo stato di forma raggiunto? In realtà è molto semplice. Il primo passo da compiere è quello di diventare consapevoli di cosa ci ha portati ad accumulare i chili in eccesso che ci portiamo dietro. Anche se molti non credono di seguire una dieta, in realtà lo fanno. Tutti noi ne seguiamo una. La differenza tra la nostra e quella che potrebbe darci un nutrizionista consiste semplicemente nelle sue caratteristiche. Perciò è così importante chiederci come mangiamo. Per essere ancora più precisi, è importante porsi le seguenti domande: «A che ora mangio e cosa mangio durante il giorno?»

Prendiamoci del tempo per scrivere la nostra giornata alimentare tipo. Se è varia, basta scrivere ciò che si mangia di solito. Se, ad esempio, il pranzo è costituito da un primo di pasta, piuttosto che riso o altro, accanto all'orario del pranzo andrà l'indicazione: «Un piatto di pasta», al quale andranno aggiunti gli altri eventuali alimenti che completano il pasto.

COME MANGIO?

DATA: _____

PASTO	ORA	DESCRIZIONE	STRATEGIE
COLAZIONE			
SPUNTINO			
PRANZO			
MERENDA			
CENA			

DOMENICA: libera

Una volta annotata la nostra alimentazione tipo, nella quale vanno inserite anche le bevande, è importante porci la seconda domanda: «Quanto mangio?» Per rispondere in modo esaustivo non è necessario indicare i grammi. Basta scrivere una fettina, due fettine, un piatto raso di pasta, un piatto normale, un piatto abbondante eccetera. Questo metodo di misurazione, anche se meno preciso rispetto alla bilancia, permette di gestire più facilmente la propria dieta. Spesso una delle maggiori difficoltà nel seguire un regime alimentare è proprio legata alle quantità espresse in grammi.

Un ottimo metodo che permette di ovviare a tale mancanza di precisione potrebbe essere quello di pesare solo le prime volte gli alimenti per poi avere un riferimento visivo del piatto e non delle cifre indicate dalla bilancia. Fatto questo bisogna applicare sulla propria alimentazione quelle strategie alimentari che permettono di raggiungere i risultati voluti.

Qui di seguito è riportato un esempio di alimentazione con applicate le strategie alimentari atte a ottenere un dimagrimento, un equilibrio ormonale, glicemico ed emotivo e un miglior equilibrio funzionale organico. Noterete quanto la dieta sia semplice e facile da seguire, pur presentando elevanti benefici.

COME MANGIO?

DATA: _____

PASTO	ORA	DESCRIZIONE	STRATEGIE
COLAZIONE	8.00	2 caffè	1 succo di frutta o 3 fette di ananas + 1 budino gusto a scelta + 1 caffè
SPUNTINO	10.30	1 caffè	1 panino piccolo + 2 fette di prosciutto crudo o cotto o 3 di bresaola o 2 fette di tacchino + 1 caffè
PRANZO	13.30	1 piatto medio di pasta + 1 panino + Un fettina di carne o pesce + 1 dolce: Caramelle o biscotti o merendine 1 caffè + Bevande: cocacola, succhi di frutta	1 piatto di pasta o riso a scelta + 1 piatto di insalata o verdura Bevande: coca light o bibite ipocaloriche a proprio gusto o acqua
MERENDA	17.00	niente	1 banana + 1 decaffeinato
CENA	20.00	1 panino con affettato o carne Simmenthal + 2-3 frutti	1 secondo di carne o di pesce + 1 piatto di verdura o insalata (a bisogno: ½ panino)

SABATO: cena libera
DOMENICA: libera

L'alimentazione influisce su tantissimi aspetti dello stato di salute e benessere della persona. Si può impostare una dieta riequilibrante dei valori del sangue come colesterolo, trigliceridi, pressione sanguigna eccetera. Oppure un'alimentazione che rafforzi lo stato energetico influendo su stanchezza, sonnolenza, irascibilità. Si può elaborare una dieta che contribuisca al potenziamento e tonicità muscolari. Per semplicità vi parlerò solo delle strategie alimentari dimagranti, che ci portano a conquistare lo stato di forma ideale. Lo vedremo nel paragrafo intitolato "Come rinascere con la propria dieta".

SEGRETO n. 23: per creare la nostra dieta personale è sufficiente descrivere le quantità degli alimenti, adottando dei riferimenti visivi (un mestolo, un piatto raso ecc.) anziché i grammi.

Come scegliere gli alimenti che ci danno più energia

Uno dei migliori strumenti che ci permette di comprendere le qualità di un alimento è la tabella nutrizionale. Avete presente quel riquadro che si trova su quasi tutte le confezioni dei prodotti dove sono indicati kcal, proteine, carboidrati e grassi? Bene. Quella è la tabella nutrizionale che descrive il prodotto che abbiamo in mano.

La prima informazione che si legge in una tabella nutrizionale è il valore energetico, espresso in kilocalorie (kcal) e kilojoule (kJ). Attenzione, però: nel linguaggio comune, riferendosi al valore energetico di un alimento, il termine "caloria" è usato impropriamente, intendendo con esso la chilocaloria, in realtà equivalente a mille calorie. In ambito scientifico, la caloria si definisce come la quantità di calore necessaria a portare la temperatura di un grammo di acqua distillata da 14,5° a 15,5° centigradi. Il valore energetico totale di un alimento è dato dalla somma dei valori energetici dei singoli nutrienti. Le proteine e i carboidrati contengono quattro calorie per grammo, i grassi ne contengono nove per grammo, l'alcol sette.

Continuando la lettura della tabella si troverà la quantità, espressa in grammi, di proteine, carboidrati, grassi o lipidi, fibre alimentari e sodio. Se presenti in quantità significativa, le informazioni riguardanti le vitamine e i sali minerali devono essere obbligatoriamente espresse. In questo caso deve essere indicata anche la loro percentuale rispetto all'apporto giornaliero raccomandato (AGR).

Ora immaginate per un attimo di trovarvi di fronte a un camino. Quale legna utilizzereste per tenere acceso il fuoco il più a lungo possibile? E quale per fare una fiamma sufficiente a scaldare tutto l'ambiente in cui vivete? E ancora, quale legna brucereste affinché la cenere prodotta dal fuoco sia il più scarsa possibile?

Il nostro metabolismo può essere pensato come un camino acceso. Se mettiamo legna che prende subito fuoco e fa una fiamma alta (carboidrati) ci riscalderemo molto, ma per poco tempo. Se mettiamo della legna molto dura e difficilmente combustibile (grassi) la fiamma sarà scarsa, ma il calore durerà a lungo. Se invece del legno mettiamo della plastica (proteine) questa potrà fare una buona fiamma, durare anche a lungo, ma lasciare dei residui nel camino difficili da togliere. Il fumo della plastica potrebbe, oltretutto, intossicarci e inondare di cattivo odore tutto l'ambiente. Per trovare il giusto combustibile dobbiamo prima di tutto valutare quale ambiente vogliamo riscaldare.

Una persona alta un metro e novanta e robusta avrà bisogno di più legna rispetto a una più bassa ed esile. La quantità e la tipologia di combustibile necessarie al nostro "camino" dipende dal metabolismo che abbiamo. Applicando la dieta corretta, il fuoco dura a lungo e la fiamma permette di riscaldare adeguatamente tutta la struttura. La domanda non è dunque quale alimento ci dà più energia, ma quale ci permette di averne a sufficienza e per un buon arco di tempo. Il segreto per riuscire a dimagrire sta proprio qui.

SEGRETO n. 24: per avere più energia ed essere più vitali bisogna scegliere gli alimenti che sono facilmente digeribili e che soddisfano per più tempo il senso della fame come, ad esempio, i cereali integrali.

Come rinascere con la propria dieta

Ognuno di noi consuma alcuni alimenti sin dall'infanzia. Ogni cibo ha dunque un legame con il nostro passato. L'alimentazione è legata a un nostro modo di essere e di vivere, fa parte di alcuni valori propri della nostra cultura, delle nostre abitudini e legami familiari. Credo che sia questa una delle ragioni per le quali risulta così difficile seguire una dieta imposta dal nutrizionista. La dieta deve rispecchiare i nostri gusti. Al più va modificata strategicamente in funzione dell'obiettivo che vogliamo raggiungere. Ecco perché per dimagrire può funzionare solo la propria alimentazione, soprattutto se si prende in considerazione il lungo termine. Incrementando poi la consapevolezza di sé, delle qualità degli alimenti e di come si ottiene un risultato specifico, saremo noi stessi a variarla e a darle un ordine, in funzione di una nuova identità acquisita.

Vediamo ora come apportare strategicamente delle piccole variazioni al nostro modo di mangiare. Se l'obiettivo è quello di dimagrire e allo stesso tempo di sentirci in piena forma, la prima strategia che possiamo applicare è il frammentare i due pasti principali (pranzo e cena) in quattro pasti più piccoli che andranno a costituire, nell'insieme, un pranzo moderato, due merende nel pomeriggio e una cena leggera. Questo permette di distribuire meglio le energie durante la giornata, di migliorare l'idratazione, di perdere peso in modo sano, di evitare sovraccarichi agli organi della digestione e mantenere un metabolismo alto che farà bruciare più facilmente i grassi.

La seconda strategia riguarda la combinazione alimentare. Se all'interno di un pasto consumiamo un primo e un secondo, il corpo si affaticherà di più rispetto a un pasto costituito solo da un primo e un contorno di verdure o insalata. Ancor peggio è se al primo e al secondo si aggiungono alimenti grassi come salumi, formaggi, condimenti eccessivi. Questo è il principio alla base della **dieta dissociata**, secondo la quale la digestione dei carboidrati avviene in un ambiente alcalino, mentre quella delle proteine avviene in ambiente acido. Un loro miscuglio porta al rallentamento della digestione con conseguente senso di pesantezza e stanchezza. La migliore combinazione alimentare è quella che unisce a un primo o a un secondo un contorno di verdura o insalata. La terza strategia riguarda l'equilibrio ormonale che, secondo alcuni studi, sembra rispondere bene alle proporzioni di macronutrienti proposta nella **dieta a Zona**, corrispondente al 40-30-30, ovvero il 40 percento di carboidrati, 30 percento di proteine e 30 percento di grassi. Questo significa che ogni pasto che contenga lo stesso numero di grassi e proteine con un po' più di carboidrati permette di avere un tasso glicemico invariato nel tempo, portando anche alla stabilità dell'umore e della sensazione di forza durante tutto l'arco della giornata, quindi la migliore efficienza fisica, psichica ed emotiva.

Un quarto aspetto importante da considerare è il livello di idratazione dell'organismo. Più liquidi vengono immessi nelle cellule, meno ne vengono messi fuori con una conseguente ossigenazione dei tessuti e un miglior stato di benessere di tutto l'organismo. In altri termini, si parla d'acqua intracellulare ed extracellulare, la prima cresce all'aumentare del potassio, mentre la seconda all'aumentare del sodio.

Per avere una pelle sottile, un buon metabolismo dei liquidi e per evitare inestetismi da ritenzione idrica, è importante ridurre il sale da cucina che, oltretutto, promuove l'ipertensione e gli stati emotivi limitanti, come l'agitazione, l'irrequietezza, l'impazienza. Un ottimo modo per bilanciare il sodio con il potassio nella nostra alimentazione è consumare cibi ricchi d'acqua, come frutta e verdura, e sostituire di tanto in tanto le patate alla pasta, perchè ricche di potassio.

Le ultime due importanti strategie sono il mangiare nel modo più vario possibile e con moderazione; oltre ciò, è fondamentale conquistare, al fine di avere il corpo che si desidera, l'**indipendenza alimentare**.

Cosa si intende? Ognuno di noi è abituato a seguire l'alimentazione della propria famiglia d'origine. Queste abitudini, spesso, sono la causa principale dello stato fisico nel quale ci troviamo. Se ci accorgiamo di avere un corpo diverso da quello che vogliamo è bene cambiare alcuni meccanismi indotti facendo in modo di seguire la nostra alimentazione, quella in grado di farci conquistare il corpo desiderato. Da dove partiamo per riuscirci? Dall'imparare a capire come funzioniamo e su quali principi si basa una buona alimentazione. Comprendendo qual è la dieta più adatta a noi, possiamo distaccarci da quelle abitudini alimentari di famiglia per costruire un corpo e uno stato di salute che ci permettano di sentirci energici, forti, capaci di svolgere con scioltezza le attività quotidiane per noi importanti.

Quante volte, mangiando fuori casa, abbiamo confrontato un pasto con quello preparato da nostra madre, giudicando quest'ultimo migliore? Capita spesso di preferire la cucina di casa a quella altrui. È come se ci avessero educati a gustare i pasti secondo dei canoni familiari, al punto da disdegnare quegli stessi cibi preparati da altri.

Se però ci accorgiamo che i nostri stessi gusti ci portano a essere in sovrappeso, a sentirci stanchi e sonnolenti per la maggior parte della giornata, è bene riconsiderare ciò che vogliamo davvero: se continuare a mangiare in quel modo e portarci dietro un corpo ingombrante e poco vitale, oppure iniziare a cambiare qualcosa per vivere la nostra vita a modo nostro.

L'indipendenza alimentare è fondamentale per riuscire in questo. Per avere il corpo e l'energia che si desiderano dobbiamo adottare la dieta più giusta per il tipo di organismo e non sperare inutilmente di raggiungere i risultati voluti continuando a fare quello che abbiamo fatto fino a oggi.

SEGRETO n. 25: per vivere una vita in forma non è necessario seguire diete imposte, ma applicare semplicemente le giuste strategie alimentari alla nostra alimentazione.

RIEPILOGO DEL CAPITOLO 4:

- SEGRETO n. 19: per capire quanto è in forma il nostro corpo, non dobbiamo fare riferimento solo al peso o all'immagine riflessa allo specchio, ma ascoltare l'energia che sentiamo dentro e gli stati d'animo che viviamo.
- SEGRETO n. 20: per valutare il dimagrimento non bisogna guardare il peso sulla bilancia ma la variazione della percentuale di grasso e di massa magra.
- SEGRETO n. 21: uno strumento utile e semplice per una prima valutazione del proprio peso forma si può trovare nella consultazione della tabella dell'Indice di Massa Corporea (imc).
- SEGRETO n. 22: scrivere su un foglio l'elenco degli alimenti che preferiamo e di come mangiamo è un metodo efficace per prendere consapevolezza del nostro rapporto con il cibo e ottenere risultati diversi da quelli avuti finora, sia esteticamente che energeticamente.
- SEGRETO n. 23: per creare la nostra dieta personale è sufficiente descrivere le quantità degli alimenti, adottando dei riferimenti visivi (un mestolo, un piatto raso ecc.) anziché i grammi.

- SEGRETO n. 24: per avere più energia ed essere più vitali bisogna scegliere gli alimenti che sono facilmente digeribili e che soddisfano per più tempo il senso della fame come, ad esempio, i cereali integrali.
- SEGRETO n. 25: per vivere una vita in forma non è necessario seguire diete imposte, ma applicare semplicemente le giuste strategie alimentari alla nostra alimentazione.

CAPITOLO 5:
Come rinnovare la propria energia

Quanto e come mi muovo?
Il nostro corpo, oltre a essere il risultato di ciò che mangiamo, degli atteggiamenti che assumiamo e del settaggio ormonale in atto, è anche il frutto della quantità e qualità del movimento presente nella nostra vita.

Se ci accorgiamo che la forma fisica alla quale aspiriamo è diversa dallo stato in cui ci troviamo ora, è importante valutare, come per l'alimentazione che si segue, l'attività fisica che svolgiamo. Spesso crediamo che qualsiasi tipo di movimento possa essere ritenuto di qualità, invece non è sufficiente mettere in azione il corpo per eliminare il grasso in eccesso né promuovere un'operazione detossinante del corpo, in particolar modo se non si tratta di attività aerobica.

Ad esempio, molte donne possono ritenere esauriente l'attività necessaria a svolgere le quotidiane pulizie casalinghe. Eppure, quando si svolgono le faccende di casa, il cuore batte a una frequenza cardiaca poco funzionale al dimagrimento; oltretutto, quelle attività sono spesso fonte di stress anziché di benessere.

L'attività aerobica permette di aumentare gradualmente i battiti del cuore e promuovere un'azione purificante del corpo con la sudorazione. Il nostro organismo è dotato di una straordinaria intelligenza, volta alla sopravvivenza attraverso un continuo e costante adattamento a situazioni e condizioni ambientali. Questo significa che farà tutto ciò che è necessario per sopravvivere. È per questo motivo che si tende a ingrassare: è come se il corpo facesse provviste in vista di una carestia.

Consideriamo le due componenti del corpo sulle quali si agisce: muscoli e grasso. I muscoli, bruciando continuamente energia, sono visti come qualcosa di "antiecologico" al fine di una sopravvivenza. È lo stesso meccanismo dell'automobile: più il motore è potente, più benzina consuma.

Se l'obiettivo è quello di fare più strada possibile, il motore più adatto è quello piccolo che consuma poco, giusto? È per questo che il corpo fa fatica a mantenere una florida muscolatura. Ciò che invece fa, è accumulare quanta più benzina possibile, cioè grasso. Questo spiega perché è più facile mettere tessuto adiposo che muscoli. Chi non fa dell'attività fisica una parte integrante del proprio stile di vita, è destinato a perdere la propria forma.

Un luogo comune è quello di pensare di dover passare la vita in palestra o a fare sport a livelli agonistici per avere un bel corpo, mentre in verità basta davvero poco per riuscirci. Chi fa regolarmente sport impiega in media dalle due alle sei ore a settimana per allenarsi, ovvero dall'1 al 3,5 percento del tempo a propria disposizione!

Per modellare il nostro corpo, dunque, dobbiamo concentrarci sulla qualità e non sulla quantità del movimento. Il segreto per costruirlo e avere una salute di ferro è quello di integrare nel proprio stile di vita un pizzico di attività fisica. Se poi troviamo anche ciò che ci piace, il gioco è fatto.

SEGRETO n. 26: una vita dinamica, ma non stressante, ci permette di ottenere il massimo da noi stessi. Per far questo è sufficiente svolgere un po' di movimento di tipo aerobico.

Come evitare cadute e saltare sempre più in alto
Così come l'equilibrio ci porta al benessere e al potere, allo stesso modo tutto ciò che è fatto di eccessi ci conduce alla malattia e all'impotenza. Ma cosa si intende di preciso per eccessi? Consideriamo i quattro principali ambiti:
1. clima;
2. alimentazione;
3. movimento;
4. emozioni.

Con eccessi dal punto di vista climatico intendiamo l'esporsi continuamente al freddo o al troppo caldo, alla pioggia o al vento e lo stare in ambienti molto secchi oppure molto umidi. Tutto questo comporta squilibri che coinvolgono specifici organi, con conseguente influenza sullo stato d'animo (come si può vedere anche nella tabella di Maciocia).

Gli eccessi alimentari riguardano invece il gusto. La predilezione del salato piuttosto che del dolce, del piccante, dell'acidulo o dell'amaro porta a squilibri nutritivi. Ogni nostro organo si nutre di alimenti che hanno uno specifico sapore; ciò significa che per coltivare e mantenere il miglior stato di salute e vitalità è necessario variare spesso la propria alimentazione affinché ogni parte di noi sia nutrita con il giusto gusto.

Per quanto riguarda gli eccessi nel movimento, essi riguardano principalmente lo stare per molto tempo in piedi oppure seduti, rimanere a lungo sdraiati, correre o leggere eccessivamente. Anche qui ogni eccesso porta a uno squilibrio psico-organico. Stare molto tempo in piedi, ad esempio, indebolisce i reni; passare seduti la maggior parte della giornata dà scompensi alla milza; rimanere a letto per dei mesi intacca i polmoni; correre a lungo, come fanno i maratoneti, squilibra il fegato; rimanere concentrati per molto tempo a leggere, porta a uno squilibrio del cuore.

Infine, dal punto di vista emotivo, anche il perdurare di un'emozione scompensa organicamente. Vivere nella continua paura influisce negativamente sui reni, le reiterate preoccupazioni intaccano la milza; la tristezza i polmoni; arrabbiarsi porta a uno squilibrio del fegato e stare a lungo in ansia affatica il cuore.

I segreti per accrescere il nostro potere, le nostre vitalità e armonia interiori sono:
1. proteggersi dagli sbalzi di temperatura e da tutti gli agenti atmosferici che provocano un senso di fastidio;
2. alimentarsi nel modo più vario possibile, alternando tutti i sapori;
3. vivere una vita dinamica che permetta di stare in piedi, seduti, sdraiati, concentrati e correre di tanto in tanto;
4. vivere la vita in modo pieno sperimentando tutte le emozioni, superando i gusti personali, seguendo gli istinti profondi.

SEGRETO n. 27: la varietà rappresenta il vero equilibrio. Per vivere bene è necessario variare spesso, soprattutto l'alimentazione, il movimento e le emozioni.

Come individuare il giusto movimento per sé
Appurato che per conquistare una forma fisica smagliante non è necessario fare chissà che cosa, ma semplicemente aggiungere un

pizzico di movimento nella propria vita, ora vediamo come scegliere quello giusto per sé. Per prima cosa bisogna sperimentare. Cosa significa? Che se non si è mai praticato uno sport o un'attività fisica che piace, è bene provare diverse opzioni al fine di trovare ciò che rientra nei nostri gusti.

Fare ciò che ci piace ci garantisce la costanza nella pratica e, di conseguenza, risultati a lungo termine. Immaginate per un attimo di fare qualcosa che detestate solo per il bisogno di dimagrire. Quanto pensate di resistere? Poco, giusto? Ora immaginate di fare qualcosa che vi appassiona, che vi entusiasma, che vi diverte o, semplicemente, che vi fa sentire bene. In questo caso sarà facile farlo diventare parte delle vostre abitudini e quindi del vostro stile di vita. Oltretutto, se in un periodo dovessimo, per un motivo qualsiasi, accantonare l'attività, sarà molto più facile riprenderla successivamente, proprio perché ci piace e ci fa stare bene. Diversamente non ci metteremmo molto a mollare e non riprenderla più, con il risultato di buttare per aria i risultati ottenuti fino a quel momento. Scegliendo ciò che ci piace, arricchiamo la nostra vita e, allo stesso tempo, gettiamo le basi per una forma fisica migliore, un miglior stato emotivo e un più gioviale atteggiamento nei confronti della vita. Chi fa sport vince sempre!

Scelto ciò che ci diverte e appassiona, è importante anche assecondare le nostre doti e talenti. Se scopriamo di essere assolutamente negati in uno sport che credevamo giusto per noi, è bene continuare a cercare. Potremmo scoprire di essere dei campioni naturali in altre attività: il talento va cercato...

SEGRETO n. 28: se vogliamo migliorare la nostra vita con lo sport, è bene scegliere quello giusto per noi, mettendo insieme le nostre passioni con i nostri talenti naturali.

Come si ottengono risultati costanti nel tempo

Quando si seguono un'alimentazione e un allenamento mirati al conseguimento di uno specifico risultato, come il dimagrimento o il modellamento, è importante monitorare periodicamente i risultati, al fine di apportare quelle modifiche necessarie per continuare a ottenerli. Come si è detto in precedenza, il nostro corpo è abilissimo nell'adattarsi a tutto, in questo caso a ciò che mangiamo e all'attività che svolgiamo. Perciò è necessario continuare a dare nuovi stimoli al corpo per produrre dei cambiamenti costanti nel tempo. Almeno fino all'ottenimento dei risultati voluti, sarebbe preferibile farci seguire da un professionista. Successivamente, con i consigli appropriati, possiamo mantenere la forma trovata anche autonomamente e senza particolari sforzi.

SEGRETO n. 29: se vogliamo seguitare a ottenere risultati, dobbiamo continuare a cambiare strategie. L'unica abitudine da coltivare è quella al cambiamento.

Integratori di vitalità: un po' di pepe nella nostra vita
In ogni aspetto della vita bisogna sempre considerare i due lati della medaglia. Prima di parlare di ciò che ci dona vitalità è necessario parlare di ciò che ce la toglie. Per fare questo, nella valutazione degli "aiuti" di fronte a uno stato di malessere, utilizziamo la **tossicità** come parametro di valutazione. Un alimento, o una sostanza in generale, ci fa tanto più male quanto più è tossica. A questo parametro solitamente sono legate altre due parole: *controindicazioni* ed *effetti indesiderati* o collaterali. Cosa vi viene in mente quando sentite: «Controindicazioni ed effetti collaterali»? L'errore comune è che spesso queste due

parole danno una connotazione positiva al prodotto cui sono associate: si presume cioè che la sua efficacia sia tanto maggiore quanto più è alto l'effetto collaterale associato. Credete anche voi che sia così?

Prendiamo in considerazione tre prodotti di uso comune che spesso vengono utilizzati per combattere le malattie: antibiotici, cortisone, antinfiammatori. Avete mai letto sul foglietto illustrativo quali sono i loro possibili effetti collaterali? Se ancora non l'avete fatto, vi invito a farlo e a crearvi una vostra personale opinione su ciò che avete assunto fino a oggi. Poi prendete anche l'aglio, l'echinacea (antibiotici naturali), l'arnica e l'artiglio del diavolo (antinfiammatori naturali) e leggetene gli effetti curativi e le controindicazioni. Se non trovate queste ultime, non stupitevi. Gli integratori naturali, presi nelle giuste dosi, sortiscono l'effetto desiderato senza presentare controindicazioni!

Tra gli antinfiammatori più utilizzati dall'intera popolazione mondiale c'è l'aspirina. È considerata uno dei farmaci più blandi e versatili, tuttavia non sono molti quelli che si soffermano a cercarne gli effetti collaterali. Qui di seguito ve ne riporto una parte, la cui veridicità vi invito a verificare di persona:

- effetti indesiderati: quelli osservati più frequentemente sono a carico dell'apparato gastrointestinale e possono essere parzialmente alleviati assumendo il medicinale a stomaco pieno. La maggior parte degli effetti indesiderati sono dipendenti sia dalla dose che dalla durata del trattamento. Gli effetti indesiderati osservati con l'acido acetilsalicilico sono generalmente comuni agli altri fans;
- disordini del sangue e del sistema linfatico: prolungamento del tempo di sanguinamento;
- disordini del sistema nervoso: cefalea e vertigini. Raramente: sindrome di Reye (Sdr);
- disordini uditivi e vestibolari: tinnito, cioè ronzio/fruscio/ tintinnio/fischio auricolare;
- disordini respiratori, toracici e mediastinici: asma, rinite;
- disordini gastrointestinali: sanguinamento gastrointestinale (occulto), disturbi gastrici, pirosi, dolore epigastrico, dolore addominale, vomito, diarrea, nausea. Raramente: erosione e/o ulcerazione e/o perforazione e/o emorragia gastrointestinale,

ematemesi (vomito di sangue o di materiale "a posa di caffè"), melena (emissione di feci nere, picee), esofagite;
- disordini epatobiliari: raramente, epatotossicità (lesione epatocellulare generalmente lieve e asintomatica) che si manifesta con un aumento delle transaminasi;
- disordini cutanei e sottocutanei: angioedema e/o orticaria e/o eritema (associate a reazioni di ipersensibilità);
- disordini renali e urinari: alterazione della funzione renale (in presenza di condizioni di alterata emodinamica renale);
- disordini generali e alterazioni del sito di somministrazione. Reazioni di ipersensibilità: asma, angioedema, orticaria, nausea, vomito, dolore addominale crampiforme, diarrea, eritema, rinite (rinorrea profusa), congiuntivite. Raramente: anafilassi.

Se questo è considerato il farmaco più sicuro, figuriamoci gli altri! Lascio a voi ogni altra verifica e considerazione.

Quando ci sentiamo stanchi, doloranti o con un senso di malessere diffuso, è importante aiutare l'organismo a eliminare ciò che impedisce alla vitalità di essere presente in noi, piuttosto che inquinarlo con sostanze tossiche solo per cancellare i sintomi dello squilibrio. Al più, è importante sostenere l'organismo, rinforzarlo, nutrirlo. Questo lo si fa utilizzando semplicemente ciò che la natura ci offre e che ognuno di noi, attraverso la conoscenza e la sensibilità, può adattare alle proprie esigenze.

Molti lo ignorano, ma abbiamo la fortuna di poterci avvalere di pratiche integrative naturali molto efficaci come la **fitoterapia**, la **gemmoterapia**, la **spagiria**, l'**oligoterapia**, l'**aromaterapia**, l'**omeopatia** e la **floriterapia** che prendono in considerazione piante, fiori e alghe per ripristinare lo stato d'equilibrio organico, psichico ed emotivo. E, ovviamente, il livello di tossicità dei prodotti provenienti da queste metodiche è pari a zero. In altre parole le controindicazioni sono così lievi da non essere, il più delle volte, menzionate e la loro efficacia è invece elevatissima. Detto questo, vediamo meglio come ognuna di queste metodiche integrative può infonderci energia e vitalità.

La **fitoterapia** è una pratica terapeutica comune a tutte le culture e popolazioni. A partire dalla preistoria vengono utilizzate piante, o loro estratti, per la cura di malattie o per promuovere un maggior benessere. Essendo questa pratica molto antica e ampiamente distribuita a livello geografico, si può dire che l'utilizzo delle piante è caratteristico di tutti i sistemi terapeutici umani, da quelli più antichi e basati su osservazioni, a quelli più sofisticati fino ad arrivare alla moderna biomedicina.

Il termine viene dal greco *phyton*, "pianta" e da *terapia*, "cura". Ippocrate, padre della medicina, citava il rimedio come terzo strumento del medico accanto al tocco e alla parola.

La fitoterapia è oggi riconosciuta e utilizzata anche dalla medicina scientifica tradizionale.

La **spagiria** ha origine ai tempi di Galeno, che attraverso complessi passaggi trasformava le piante in qualcosa che potesse risvegliare l'energia della persona e riportarla all'equilibrio. La pratica si è divulgata nel XVII secolo grazie agli alchimisti, che erano tra l'altro formidabili farmacisti. Il procedimento spagirico consiste, come spiegano Paracelso e molti altri, nell'estrazione con diversi metodi dei principi attivi di una o più piante, nella loro interezza, per raggiungere diverse frazioni che alla fine vanno di nuovo congiunte, concentrate, depurate e potenziate.

Nello specifico, la divisione e successivamente il ricongiungimento servono per depurare l'essenza terapeutica vegetale da tutto ciò che è superfluo e arrivare a estrarre l'energia, il carattere e i principi attivi della stessa.

Attraverso la spagiria, a differenza di altre metodiche integrative naturali, è possibile agire contemporaneamente su diversi livelli di coscienza dell'essere umano: fisico, mentale, emotivo, energetico. Un rimedio di questa portata oggigiorno si potrebbe definire quasi come quella pozione magica che un tempo preparavano maghi e stregoni per curare da malattie difficilmente guaribili. I rimedi spagirici che si trovano attualmente sul mercato sono frutto di queste procedure che possiamo definire particolari e, per quanto sia difficile e raro trovarle, hanno un'efficacia a dir poco sorprendente.

La **gemmoterapia** utilizza come rimedi i germogli vegetali. È una medicina fondata dal dottor Pol Henry negli anni Cinquanta. I principi attivi utilizzati sono estratti dalle gemme vegetali, in quanto si ritiene abbiano qualità speciali rispetto alla sostanza della pianta. Vengono usate soprattutto sotto forma di *macerato glicerico* e utilizzate in ambito medico in particolare come drenanti. All'interno della gemma della pianta risiede la maggior parte della vita che scorre in essa.

Essendo anche l'uomo un essere vivente, e perciò vitale (ricco di vita), ciò che accresce e preserva la sua salute e vitalità è proprio il nutrimento inteso come energia che, presa dall'esterno, uniamo alla nostra. Integrare gemmoderivati significa dunque nutrirsi di energia vitale che ci permette di ristabilire la nostra armonia interiore, di rinforzarci e di sentirci in un profondo stato di benessere psicofisico.

Se ci immaginiamo per un attimo come un puzzle, ci è facile comprendere che ogni pezzo rappresenta un aspetto di noi necessario a creare quell'immagine armoniosa che ci fa sentire bene. Nel momento in cui vi è uno squilibrio o una malattia alcuni pezzi del puzzle vanno perduti. Per ritrovare l'integrità è necessario recuperare solo e soltanto quei pezzi mancanti.

Risulta ovvio che sarebbe inutile mettere pezzi dell'immagine che già abbiamo o che addirittura non fanno parte di noi. Se lo facessimo altereremmo ancora di più la nostra integrità e armonia. Attraverso la gemmoterapia, l'ascolto di sé e dei propri bisogni profondi, è possibile ricomporre l'insieme così da ristabilire quell'integrità interiore dalla quale proviene il nostro benessere totale.

L'**oligoterapia** sfrutta invece i minerali presenti in concentrazioni molto ridotte (gli oligoelementi). All'interno del nostro corpo essi svolgono funzioni importanti, partecipano alla struttura di organi e tessuti oppure fungono da enzimi che attivano importanti reazioni biochimiche. La loro carenza porta ad alterazioni energetiche, fisiologiche e strutturali. Per questi motivi è fondamentale il loro apporto. Con le giuste quantità di sali minerali è possibile prevenire e/o riequilibrare molte malattie e squilibri.

Come afferma il dottor Georges Lakhovsky in un suo lavoro del 1939: «Nel nostro organismo umano, la ripartizione di qualsivoglia minerale avviene in maniera così perfetta che si può paragonare l'insieme delle sue vibrazioni all'armonia dell'orchestra dell'opera. Ebbene, è noto che, nel corso di una stessa audizione dell'orchestra, certi strumenti si disaccordano e gli orchestrali debbono riaccordare i loro strumenti dopo l'esecuzione di ogni pezzo. Sfortunatamente non avviene lo stesso per il nostro organismo, che è la migliore tra tutte le orchestre vibratorie. Infatti, durante la vita umana, i minerali che compongono le cellule diminuiscono progressivamente a partire dai diciotto anni di età, come vedremo, e possono anche mancare parzialmente. È come se nell'orchestra dell'opera gli strumenti si disaccordassero senza poterli riaccordare. Ne deriva uno squilibrio oscillatorio cellulare che porta alla malattia e alla morte. Per ristabilire l'equilibrio oscillatorio, bisognerebbe riaccordare le nostre oscillazioni cellulari fornendo all'organismo quelle stesse sostanze che gli difettano» (fonte: Wikipedia).

Attraverso l'oligoterapia è possibile dunque accordare il nostro organismo, così da farlo vibrare in armonia con la vita.

I principi dell'**omeopatia**, un metodo terapeutico rivoluzionario alla cui base vi è il cosiddetto *principio di similitudine* (*similia* *similibus curantur*), sono stati formulati dal medico tedesco Samuel Hahnemann verso la fine del XVIII secolo. Hahnemann affermò che il rimedio appropriato per una determinata malattia è dato da quella sostanza che, in una persona sana, induce sintomi simili a quelli osservati nella malattia.

Una volta individuata la sostanza, chiamata anche *principio omeopatico*, viene data al malato in concentrazione notevolmente diluita, detta *potenza*. Questo metodo terapeutico si basa principalmente sul rendere consapevole il corpo di ciò che sta accadendo al suo interno, in modo da indirizzare l'energia vitale curativa ove più necessita e attivare l'autoguarigione.

Volendo utilizzare una metafora, si può dire che l'omeopatia è come quella goccia, in una vasca piena d'acqua nella quale siamo immersi, che permette di capire in quale stato ci troviamo. È come se la malattia fosse un ambiente al quale ci si è abituati, assuefatti al punto da non esserne più coscienti. Quella goccia, che muove l'acqua, ci permette di sentirne nuovamente la temperatura, la consistenza e ancor di più il nostro essere immersi in essa, così da darci la possibilità di svegliarci dal torpore e di uscirne fuori.

L'**aromaterapia** usa gli oli essenziali (oli eterici), le sostanze volatili e fortemente odorose delle piante. Vengono estratti di solito tramite distillazione in corrente di vapore.

Le parti della pianta dalle quali si possono ottenere gli oli essenziali sono: fiori, foglie, corteccia, semi, radici. Gli oli essenziali vengono utilizzati per ottenere molteplici effetti in funzione dell'olio utilizzato: antibiotici virostatici, battericidi, fungicidi; effetti sul sistema nervoso centrale e periferico; effetti anestetici locali; antispasmodici; balsamico-espettoranti; antiflogistici; carminativi. La particolarità di questa metodica terapeutica è la sua azione diretta sull'area del cervello responsabile delle emozioni. L'odore viene percepito in modo diretto dal cervello al punto da cambiare istantaneamente il nostro stato psico-emotivo con un'efficacia immediata sull'intero organismo.

La **floriterapia** è una cura che sfrutta le qualità terapeutiche dei fiori, ideata dal medico britannico Edward Bach. Secondo il dottor Bach, quando si vuol curare qualcuno è necessario conoscere prima di tutto i suoi disturbi psicologici, perché è da questi che sono determinati i sintomi fisici. Il disturbo psicologico viene trattato con un fiore specifico e corrispondente, ottenendo così risultati curativi sul malessere fisico.

Secondo Bach, dietro ogni disturbo fisico vi è uno squilibrio energetico originato a livello psicologico, cioè ogni problema è in realtà psicosomatico e ai diversi disagi fisici corrisponde, a monte, un esatto disturbo dell'anima. Sulla base di questi principi sono stati individuati trentotto *tipi comportamentali* di base, ai quali corrispondono le essenze di trentotto fiori in grado di curare l'organismo per riportarlo in armonia e far regredire i sintomi.

Chiunque si avvicini al mondo della floriterapia può raggiungere una conoscenza tale da scegliere autonomamente il fiore o i fiori più adatti al proprio bisogno (come fossero alimenti per nutrire la propria interiorità), così da stimolare l'autoguarigione e raggiungere il miglior stato di benessere totale possibile. Prendersi cura si sé attraverso l'integrazione naturale, secondo una delle metodiche sopraesposte, ci permette di essere sempre più vitali, forti e liberi dalle intossicazioni che possono portare allo squilibrio e alla malattia.

Oggi ognuno di noi può facilmente informarsi, diventare consapevole e decidere della propria vita. Prima di prendere un farmaco, in futuro, leggete con attenzione anche le controindicazioni e gli effetti collaterali, oltre alle indicazioni e alla modalità di assunzione.

Farlo è importante non solo per informarci e decidere come prenderci cura di noi, ma anche per assumerci la responsabilità degli effetti indesiderati a cui potremmo andare incontro se decidessimo di assumere prodotti tossici!

Scegliete con coscienza e aiuterete anche gli altri a fare lo stesso. Ricordate che la consapevolezza è il più grande potere.

SEGRETO n. 30: il modo migliore per aumentare la vitalità non consiste nel combattere il dolore o i sintomi, ma nel depurare l'organismo affinché la nostra energia scorra più libera.

RIEPILOGO DEL CAPITOLO 5:

- SEGRETO n. 26: una vita dinamica, ma non stressante, ci permette di ottenere il massimo da noi stessi. Per far questo è sufficiente svolgere un po' di movimento di tipo aerobico.
- SEGRETO n. 27: la varietà rappresenta il vero equilibrio. Per vivere bene è necessario variare spesso, soprattutto l'alimentazione, il movimento e le emozioni.
- SEGRETO n. 28: se vogliamo migliorare la nostra vita con lo sport, è bene scegliere quello giusto per noi, mettendo insieme le nostre passioni con i nostri talenti naturali.
- SEGRETO n. 29: se vogliamo seguitare a ottenere risultati, dobbiamo continuare a cambiare strategie. L'unica abitudine da coltivare è quella al cambiamento.
- SEGRETO n. 30: il modo migliore per aumentare la vitalità non consiste nel combattere il dolore o i sintomi, ma nel depurare l'organismo affinché la nostra energia scorra più libera.

CAPITOLO 6:
Come risvegliare la propria genialità

Come liberarsi dalla sporcizia mentale
Immaginate per un attimo un deposito. C'è di tutto. Ci sono cose usate nel passato, altre che stiamo utilizzando ora. Altre ancora che abbiamo messo da parte con l'intenzione di servircene in futuro. Abbiamo fretta di arrivare da qualche parte ma non sappiamo dove. Per questo motivo tutto ciò che ci capita tra le mani e che non utilizziamo nell'immediato lo gettiamo lì in modo disordinato al punto da non riuscire, quando ne abbiamo bisogno, a trovarlo.

Questo è ciò che accade alla maggior parte di noi quando vogliamo realizzare qualcosa di importante e crediamo di non riuscirci. Abbiamo tutte le risorse per farlo, ma sono così disordinate e messe in posti talmente nascosti che dimentichiamo anche d'averle. Eppure sono tanti gli strumenti che abbiamo utilizzato in passato e che potremmo facilmente riprendere, se solo sapessimo dove li abbiamo messi.

Ciò che ci rende così difficile la ricerca prima, e l'utilizzo delle nostre risorse poi, è dovuto al linguaggio che utilizziamo con noi stessi. Siamo diventati tanto bravi a complicarci la vita che ci viene difficile anche rispondere alla domanda: «Cosa voglio davvero?»

Tutto ciò di cui abbiamo bisogno è fare pulizia e ordine in quel deposito mentale pieno di cianfrusaglie. Chi potrebbe darci una mano in questo? Un organizzatore, un ripulitore, qualcuno che ci aiuti a fare chiarezza e spazio dentro di noi; un coach ad esempio.

Sapere chiaramente cosa si vuole nella vita è la base di partenza per essere felici e soddisfatti. Bisogna raggiungere il cuore della nostra essenza imparando a comunicare con noi e con gli altri in modo più specifico, eliminando tutto ciò che è vago, generico, confuso.

SEGRETO n. 31: la prima strategia utile per fare chiarezza dentro di noi è quella di rallentare. La frenesia alza un polverone che non permette di vedere chiaro in se stessi e nella propria vita.

Come si passa dalla confusione alla chiarezza

Per poter fare chiarezza interiore è necessario imparare l'arte della comunicazione, prima con noi stessi e poi con gli altri. Cosa significa questo? Semplicemente imparare a essere più precisi quando esprimiamo un concetto, un'idea. Se, ad esempio, ci accorgiamo di avere il desiderio di diventare ricchi, dobbiamo domandarci: «Cosa intendo io per ricchezza? Guadagnare cinquemila euro al mese mi rende ricco? Se non è così, cosa può farlo?»

Prendiamo un altro esempio: «Ho voglia di innamorarmi». Che cosa significa? Di chi voglio innamorarmi o di che cosa? Voglio innamorarmi di una persona? Voglio innamorarmi dell'arte? Voglio innamorarmi della vita? E se fosse quest'ultimo il mio vero desiderio, che cosa intendo per vita?

È importante essere chiari per direzionare la nostra energia affinché i nostri desideri vengano realizzati.

Quando abbiamo chiaro in mente ciò che vogliamo è come se anche il nostro inconscio si sintonizzasse su quel risultato al punto da attrarlo come una calamita fino a realizzarlo concretamente. Questi sono solo dei piccoli esempi di come sia possibile trasformare la nostra esistenza e darle una direzione per conquistare la libertà, l'amore, la felicità o qualunque altra cosa vogliamo. Un ulteriore aspetto importante della comunicazione riguarda la parola "non". Molto spesso esprimiamo le nostre idee, e in particolare i nostri desideri, dicendo: «Non voglio essere povero»; «non voglio ammalarmi»; «non voglio rimanere solo/a».

Questo modo di comunicare aumenta la confusione in quanto il nostro cervello è incapace di immaginare la parola "non". Cosa significa? Che se io ti chiedo di non immaginare un elefante rosa, tu cosa fai? Immagini proprio un elefante rosa, perché per poter comprendere ciò che ti dico hai bisogno di immaginarlo, di visualizzarlo e "processarlo". Questo concetto è molto importante soprattutto quando vogliamo fare chiarezza in noi stessi riguardo a ciò che desideriamo e agli obiettivi che vogliamo raggiungere. Immaginiamo per un attimo che qualcuno si confidi con noi dicendoci: «Sai, non voglio rimanere più in questa situazione. Non so cosa voglio, ma di certo non voglio più stare male per questo».

Si riesce a capire cosa cerca davvero? No, giusto? L'aspetto buffo è che, molto probabilmente, neanche lui lo capisce. Questa mancanza di chiarezza lo porterà a perdere tempo, a concentrarsi sulle cose che vuole evitare anziché su quelle che vuole realizzare. Diverso sarebbe se quella stessa persona dicesse: «Ho capito che voglio fare un lavoro diverso dal meccanico. Voglio potermi dedicare alle persone anziché agli oggetti. Mi piacerebbe insegnare come funzionano e come si riparano le auto e voglio iniziare da oggi».

Ora si evince una maggiore chiarezza rispetto all'obiettivo che vuole perseguire, da cui più possibilità di realizzarlo. Questi esempi fanno capire quanto la comunicazione giochi un ruolo fondamentale nella vita di tutti noi. I settori della vita in cui si può voler cambiare qualcosa e da cui possiamo trarre maggior piacere sono vari e vanno da quello familiare alla crescita personale, dalla ricerca spirituale all'ottimizzazione del tempo libero eccetera.

SEGRETO n. 32: per ottenere dalla vita ciò che davvero si desidera è necessario imparare l'arte della comunicazione prima con se stessi e poi con gli altri.

Come acquisire uno dei più grandi poteri

Figlia: «Papà, come mai quell'anatroccolo è così brutto? Mi fa paura!»

Padre: «Cosa intendi per "brutto"?»

F.: «È diverso dagli altri. È più scuro e mi sembra più cattivo».

P.: «Quindi il fatto che sia diverso dagli altri, più scuro, ti fa pensare che sia più cattivo e perciò spaventoso?»

F.: «Sì, papà».

P.: «Forse è più scuro perché si è sporcato nella terra. Forse è solo un po' più birichino degli altri, ma non credo sia cattivo…»

Ciò che percepiamo come realtà non è quella assoluta ma il frutto delle nostre percezioni e dei significati che diamo loro. È ciò che, in PNL, viene chiamato *realtà soggettiva*. Tutto ciò che crediamo reale ha il potere di suscitare in noi emozioni e, di conseguenza, a plasmare il nostro modo di sentirci e vivere la vita.

Il limite più grande dell'essere umano credo sia quello di filtrare la realtà con il suo modo di vederla, di sentirla, di toccarla, impiastricciandola di significati ed emozioni che in realtà esistono solo interiormente. Siamo abituati a giudicare ciò che viviamo come giusto o sbagliato, come bello o brutto, come piacevole o doloroso, quasi come a voler dire: «Io esisto, perciò penso e giudico».

Siamo così sicuri delle nostre opinioni da lottare per difenderle dai pareri altrui, «no, è come dico io», e a offendere gli altri se non condividono la nostra stessa percezione della realtà: «Ma cosa dici tu, se non capisci nulla».

La realtà offre molte chiavi di lettura, è per questo che ci si può ritrovare ad avere punti di vista differenti. Per vivere una vita relazionale soddisfacente è importante dunque, di fronte a un conflitto che spesso nasce dalle reazioni emotive che l'altro suscita in noi, comunicare ciò che stiamo provando, anziché reagire attaccando. È ciò che suggerisce lo psicologo Daniel Goleman nel suo libro *Intelligenza emotiva*. Riconoscere e comunicare le proprie emozioni all'altro permette di conoscersi e comprendersi meglio. Oltretutto, è bene considerare che ognuno dà importanza ad aspetti diversi della vita; la scala di valori è determinante rispetto a ciò che si percepisce e ai significati che si attribuiscono alle esperienze.

Per coloro i quali considerano la famiglia il valore primario e più importante, ogni comportamento da essa proveniente sarà buono e giusto, anche se in realtà potrebbe non esserlo. Un'opinione diversa può essere espressa da una persona che reputa importante la propria indipendenza e libertà, la quale giudicherà quello stesso comportamento come sbagliato e inopportuno.

Se poi consideriamo anche che ognuno ha un vissuto fatto di esperienze e di ricordi completamente differenti da chiunque altro, è facile capire la complessità che si nasconde dietro ai conflitti e ai diversi punti di vista. Il più grande potere che abbiamo consiste nel comprendere tutto questo e lasciare che ognuno viva la propria vita secondo la sua unicità. È così che ci liberiamo dai condizionamenti e prendiamo decisioni indipendentemente dagli altri.

SEGRETO n. 33: per vivere relazioni soddisfacenti è fondamentale riconoscere e comunicare ciò che si prova, anziché reagire offendendo e attaccando gli altri.

Come allinearci alla vita che desideriamo vivere

Prima di capire come realizzare e vivere la vita dei nostri sogni, dobbiamo comprendere meglio chi siamo e cosa intendiamo per vita. Secondo la programmazione neuro-linguistica (la già citata PNL) e, specificatamente, nel libro di Robert Dilts intitolato *I livelli di pensiero*, ognuno di noi è costituito da sette diversi livelli di consapevolezza.

Il primo è l'**ambiente** nel quale viviamo, ovvero il luogo geografico (nazione, regione, città), la casa, la sede in cui lavoriamo, i posti e le persone che frequentiamo e, in generale, gli stimoli sensoriali che riceviamo costantemente (parole, suoni, atmosfere, sensazioni, immagini, profumi eccetera). È il livello di consapevolezza che risponde alla domanda: «Dove e quando?»

Il secondo livello di consapevolezza è costituito dai **comportamenti** che assumiamo nella vita e, più specificatamente, dalle abitudini che abbiamo. Queste riguardano ciò che facciamo in modo automatico senza soffermarci sulle opzioni che potremmo vagliare. Un esempio potrebbe essere costituito dall'andare a fare shopping nei fine settimana se siamo abituati a fare questo. Altre potrebbero riguardare aspetti ancora più automatici, come il modo di parlare, di gesticolare, di prendere in mano la forchetta o di impugnare il volante dell'auto. Tutto ciò rientra nei nostri automatismi, gesti che abbiamo imparato a fare talmente bene da non doverci più neppure pensare. Questo livello di consapevolezza risponde alla domanda: «Cosa?»

Il terzo livello di consapevolezza riguarda le **abilità**, ovvero la bravura nel raggiungere un determinato obiettivo in modo semplice rispetto agli altri. Possono anche essere definite come l'insieme di azioni unite e ordinate in modo strategico per riuscire in un intento. C'è chi è capace di pattinare, chi di praticare il salto in alto, chi è bravo nel parlare in pubblico, chi nel sedurre, chi nel trasformare i suoi desideri in realtà nel più breve tempo possibile eccetera. Tutte queste sono abilità che ognuno di noi può aver sviluppato nella propria vita e che, in qualche modo, ci caratterizzano e ci differenziano dagli altri. Il presente livello di consapevolezza risponde alla domanda: «Come?»

Il quarto livello di consapevolezza è costituito dalle **convinzioni**. Ognuno di noi ha una serie di convinzioni che riguardano ogni aspetto della vita, un certo livello di sicurezza rispetto a qualcosa. Quando ci viene chiesto il nostro nome non abbiamo tentennamenti nel rispondere; questo rappresenta una convinzione molto forte riguardo noi stessi. Quando invece ci vengono chieste informazioni sui nostri progetti o su quello che vorremmo fare nella vita, possiamo elencare una serie d'intenti, ognuno dei quali con un livello di sicurezza diverso in funzione della difficoltà nel realizzarli, dell'intensità emotiva con cui sentiamo questi obiettivi appartenerci, dell'idea che abbiamo di noi eccetera.

Allo stesso modo è oscillante la sicurezza che esprimiamo nel descrivere un ricordo, laddove entrano in gioco fattori come la memoria e la capacità di osservazione. Le nostre convinzioni, nonostante si pensi siano strettamente legate al mondo reale, dipendono dal nostro modo di percepirlo e rientrano in una visione soggettiva. Ogni persona vive la sua vita in funzione delle convinzioni che ha costruito dentro di sé. È come se avesse indossato gli occhiali per vedere secondo il proprio punto di vista e non secondo ciò che è la realtà. Questo livello di consapevolezza risponde alla domanda: «Perché?»

Il quinto livello di consapevolezza riguarda i **valori**, ovvero gli aspetti che noi riteniamo importanti nella nostra vita. Sono le priorità che ognuno si dà e che mutano in base ai periodi dell'esistenza; talvolta si mette al primo posto la libertà, l'indipendenza, in altri è più importante l'amicizia, o il rapporto di coppia, l'amore, oppure ci si concentra sui soldi eccetera. Ogni fase della nostra vita porta con sé dei bisogni sociali che sentiamo nostri e che ci spingono a cambiare la scala dei nostri valori. Una distinzione fondamentale all'interno di essi va però comunque fatta.

Secondo Anthony Robbins esistono due classi di valori, i **valori mezzo** e i **valori fine**. I primi servono solo per raggiungere i secondi. Rappresentano la strategia che mettiamo in atto, in funzione di ciò che crediamo. Se, ad esempio, vogliamo sentirci stimati, cercati e amati dagli altri, e crediamo che per far questo occorra diventare bravi o ricchi, allora metteremo ai primi posti della scala dei nostri valori l'eccellenza o la ricchezza. Se però quello che desideriamo davvero è essere amati, potremmo ritrovarci delusi qualora, nonostante gli obiettivi di eccellenza o di ricchezza raggiunti, non riuscissimo a sentirci ricambiati e soddisfatti come vorremmo. Anche questo livello di consapevolezza risponde alla domanda: «Perché?»

Il sesto livello di consapevolezza di Dilts riguarda l'**identità**. Con questo termine si intende l'idea che abbiamo di noi stessi. Come definiremmo noi stessi? All'idea di sé spesso sono legate delle etichette del tipo: «Sono generoso/a, sono ottimista, sono una persona allegra, sono disordinato/a». Quest'idea che ci siamo costruiti è utile per agire e soprattutto per definire ciò che possiamo da ciò che non possiamo. In altri termini l'identità rappresenta il nostro guscio, il nostro confine e, con esso, l'insieme di possibilità che ci diamo o che neppure prendiamo in considerazione. Se ad esempio ci chiedessero di iscriverci alle olimpiadi per partecipare alla gara dei cento metri, molto probabilmente risponderemmo che non ci pensiamo neppure, «perché non sono un'atleta» (a meno del contrario) e perché tale compito è al di fuori dell'idea che abbiamo di noi. Allo stesso modo un giocatore di pallavolo accetterebbe di partecipare a una partita come se fosse la cosa più normale del mondo. Questo livello di consapevolezza risponde alla domanda: «Chi?»

Il settimo livello di consapevolezza riguarda la **spiritualità**, ovvero per quale motivo, oltre noi stessi, facciamo quel che facciamo. Spesso questo livello coincide con la visione che abbiamo della vita e con la missione che sentiamo di avere sulla terra. È il livello di consapevolezza sul quale saliamo nel momento in cui ci poniamo domande come: «Perché sono qui? Qual è il mio scopo nella vita?» Se ad esempio crediamo che la vita è un dono e che va semplicemente goduta allora le nostre energie saranno orientate ai piaceri materiali. Se invece crediamo di essere nati per dare il nostro contributo al mondo, attraverso la nostra unicità e le caratteristiche che ci contraddistinguono, orienteremo le energie verso l'azione, verso la creazione di qualcosa che può migliorare l'umanità. In questo caso la domanda di riferimento è: «Per chi o per cosa?»

Poste le basi per comprendere meglio quali aspetti di noi entrano in gioco nel momento in cui vogliamo realizzare la vita dei nostri sogni, dobbiamo valutare, passo dopo passo, se in ciascun livello ci sono aspetti che facilitano o impediscono la nostra realizzazione. Per far questo è prima necessario descrivere per filo e per segno cosa intendiamo quando parliamo di vita da sogno.

Spesso a questo concetto viene associata un'idea sociale che il più delle volte è diversa da ciò che ci renderebbe davvero felici e soddisfatti. Ognuno di noi raggiunge la felicità in un modo unico che non è quello degli altri. Pensare, ad esempio, che la felicità sia strettamente e necessariamente legata ai soldi è un luogo comune che abbiamo fatto nostro.

Secondo un'indagine condotta negli USA, riportata sul libro di Dan Baker (psicologo ed esperto di medicina comportamentale) & Cameron Stauth intitolato *Voglio essere felice*, le persone davvero felici non sono quelle ricche né, ovviamente, quelle povere, ma quelle che possono essere definite benestanti. Allo stesso modo, secondo gli autori, ci sono altri luoghi comuni legati all'idea di felicità come: tempo libero, status sociale, possesso di beni materiali, appagamento del piacere, risoluzione il passato, sconfitta delle debolezze, rincorsa della felicità stessa.

Tutti questi aspetti potrebbero essere importanti per alcuni e meno per altri, non tutti troveranno la soddisfazione tramite le medesime vie. Ognuno di noi raggiunge la felicità prima di tutto ascoltando se stesso e al contempo liberandosi dai condizionamenti esterni. Diversamente potremmo ritrovarci ad aver fatto nostri dei valori che poi in realtà ci hanno portato fuori strada.

Uno strumento che abbiamo a disposizione per valutare se siamo allineati con la vita è il *tema natale* astrologico. Un esempio pratico lo potete trovare <u>su questo sito</u>; basterà inserire i dati richiesti e vi verrà dato il quadro della posizione in cui erano i pianeti al momento della vostra nascita. Vi troverete diverse informazioni sulle caratteristiche della vostra personalità e ne potrete confrontare l'esattezza, riuscendo magari ad avere una visone più ampia delle vostre inclinazioni e capacità.

È uno strumento davvero interessante perché ci permette anche di distinguere i bisogni personali da quelli sociali, spesso legati all'età e all'ambiente di riferimento. Gli uomini vivono in strutture composte da altri uomini, il che li porta a doversi confrontare con i bisogni, le aspettative e le richieste della società, della famiglia, degli amici, dei colleghi ecc. Spesso tali aspettative ci influenzano e condizionano le nostre scelte al punto da anteporre i bisogni altrui ai nostri, finendo per rovinarci completamente la vita. Per questo motivo è importante ascoltarsi, saper conquistare la propria chiarezza interiore e indipendenza decisionale. Una volta delineata la vita dei propri sogni, e non quella che gli altri vorrebbero per noi, si può iniziare ad allineare ciò che siamo con l'esistenza che conduciamo, al fine di realizzarci pienamente.

Iniziamo ad affrontare il primo livello di consapevolezza (**ambiente**) e facciamolo ponendoci le seguenti domande:

«L'ambiente in cui vivo rispecchia la vita che voglio? Cos'è che ancora non è perfetto?»

_____

_____

«Il luogo in cui vivo mi aiuta o mi impedisce di realizzarmi? Perché?»

_____

_____

«Gli stimoli che ricevo mi danno energia ed entusiasmo per continuare nei miei intenti o mi scoraggiano e frenano nella riuscita?»

_____

_____

«Le persone di cui mi circondo, mi sostengono e mi aiutano a crescere e a realizzare ciò che voglio davvero o mi criticano e demoralizzano? Come lo fanno?»

_____

_____

«I discorsi, le parole che ascolto quotidianamente mi infondono coraggio, entusiasmo, voglia di fare sempre di più, oppure mi scoraggiano e mi sviano dal perseguire i miei intenti?»

_____

_____

«La mia casa, la mia stanza, il mio ufficio sono luoghi che ho reso ottimali al fine di mantenere alta la motivazione a realizzare la vita dei miei sogni o potrei migliorarli?»

_____

_____

«Porto con me qualcosa (una foto, una frase, un diario, una canzone ecc.) che mi stimola a mantenere l'attenzione sulla mia missione durante il giorno? In che modo mi auto-motivo?»

_____

_____

«Come posso trasformare il luogo in cui vivo nel mio posto ideale, dove ogni cosa mi sostenga nel trasformare i sogni in realtà?»

_____

_____

Il secondo allineamento riguarda il livello **comportamenti** e lo attuiamo ponendoci le seguenti domande:

«Osservando la mia vita dall'esterno, come descriverei la mia giornata tipo?» (fate un elenco delle azioni compiute ogni giorno, dalla colazione, agli spostamenti al momento di dormire).

«Quali azioni dovrei compiere quotidianamente per realizzare la vita che desidero vivere? Cosa fa, ad esempio, chi già vive come io desidero?»

Confronta le azioni necessarie a costruire il tuo stile di vita con quelle che compi quotidianamente: «Voglio essere il miglior venditore del mondo, cosa faccio ogni giorno di concreto per diventarlo?»

Il terzo allineamento riguarda il livello **abilità** e lo attuiamo ponendoci le seguenti domande:

«Cosa so fare? Cosa mi piace fare? Quali sono le abilità che mi contraddistinguono?»

«Cosa è necessario saper fare per avere la vita che desidero?»

«Cosa dovrei imparare a fare per riuscire a realizzare la vita che voglio?»

Il quarto allineamento riguarda il livello **convinzioni** e lo attuiamo ponendoci le seguenti domande:

«Cosa mi viene in mente se penso al successo (o a qualsiasi altra meta che voglio raggiungere come: ricchezza, amore, benessere, libertà, armonia, consapevolezza, potere ecc.)? Ho delle associazioni positive o ve ne sono alcune che mi fanno pensare a quell'aspetto come sbagliato, ingiusto o che non merito?» Scrivi ogni associazione.

«Le persone che, secondo me, hanno gia raggiunto il successo che voglio anch'io, in cosa credono? Quali sono le loro convinzioni o quali penso che siano quelle necessarie per conquistarlo?»

«Quali certezze dovrei cambiare e quali invece rinforzare per facilitare il mio percorso verso la vita che desidero?»

Il quinto allineamento riguarda il livello **valori** e lo attuiamo ponendoci le seguenti domande:

«In questo periodo della mia vita cosa è prioritario? Cos'è più importante per me adesso?» Fa' una lista.

«Le cose importanti sono le stesse che voglio ottenere dalla vita, o c'è qualcosa a cui sto dando più peso?»

_____

_____

«Quanto sono importanti per me la comodità e la sicurezza? Credo che questi due aspetti possano essere di ostacolo al cambiamento che voglio attuare nella mia vita?»

_____

_____

Il sesto allineamento riguarda il livello **identità** e si raggiunge attraverso i seguenti quesiti:

«Merito la vita che sogno? Se no, che persona dovrei essere?»

_____

_____

«Coloro che vivono la vita che desidero, che persone sono? Cosa mi distingue da loro? Come devo cambiare la percezione di me stesso per essere vincente?»

Il settimo allineamento riguarda il livello **spirituale** da ricercare tramite queste domande:

«Qual era, o è, l'ideologia dei personaggi che stimo? In cosa hanno creduto?»

SEGRETO n. 34: le nostre risorse emergono in proporzione alla chiarezza interiore e all'ordine mentale. Coltivare queste qualità significa far fiorire la nostra unicità.

Fendinebbia e navigatore, si parte!
Immaginiamo per un attimo di essere nella nebbia, senza punti di riferimento a guidarci nella direzione che vorremmo prendere. Non sappiamo cosa fare. Se fossimo in grado di disperdere la foschia, tutto diventerebbe chiaro e sapremmo finalmente in che direzione muoverci. Non è così che ci sentiamo quando abbiamo

le idee confuse? Non è questo che viviamo quando ci sentiamo insicuri? Se poi a ciò si aggiunge la fretta, si rischia di prendere la decisione sbagliata e di rovinarsi la vita.

Per superare questi momenti è fondamentale fare chiarezza dentro di sé. Tutte le persone di successo conoscono benissimo l'importanza di avere le idee chiare. Sarà questo che permette loro di raggiungere risultati straordinari? Certamente è uno degli aspetti fondamentali da coltivare dentro di sé per trasformare la propria vita nel sogno che abbiamo in mente. Allo stesso modo anche il disordine mentale ci porta fuori strada! Se cerchiamo quello che ci serve in una stanza disordinata, sarà difficile trovarlo. Tutto è così confuso che non possiamo prendere le cose che già abbiamo dentro di noi. Per utilizzare tutte le nostre risorse è necessario fare ordine. Ci sentiamo persi al punto che avremmo bisogno di un navigatore a indicarci la giusta via.

Immaginate di poter accedere in ogni momento al coraggio, alla passione, alla concentrazione, alla determinazione, all'entusiasmo e via dicendo. È una sensazione di potenza e sicurezza, vero? Due delle mie più grandi scoperte sono state la meditazione e l'esistenza dei coach, il cui compito è proprio quello di aiutare a fare chiarezza e ordine mentale. Se avete la possibilità di sperimentare una seduta di coaching, fatelo. Ne trarrete beneficio.

SEGRETO n. 35: ognuno di noi può avvalersi della consulenza di professionisti, come il naturopata e il coach, per esplorare e utilizzare al meglio le proprie potenzialità.

RIEPILOGO DEL CAPITOLO 6:

- SEGRETO n. 31: la prima strategia utile per fare chiarezza dentro di noi è quella di rallentare. La frenesia alza un polverone che non permette di vedere chiaro in se stessi e nella propria vita.

- SEGRETO n. 32: per ottenere dalla vita ciò che davvero si desidera è necessario imparare l'arte della comunicazione prima con se stessi e poi con gli altri.

- SEGRETO n. 33: per vivere relazioni soddisfacenti è fondamentale riconoscere e comunicare ciò che si prova, anziché reagire offendendo e attaccando gli altri.

- SEGRETO n. 34: le nostre risorse emergono in proporzione alla chiarezza interiore e all'ordine mentale. Coltivare queste qualità significa far fiorire la nostra unicità.

- SEGRETO n. 35: ognuno di noi può avvalersi della consulenza di professionisti, come il naturopata e il coach, per esplorare e utilizzare al meglio le proprie potenzialità.

CAPITOLO 7:
Come conquistare il successo personale

Dove si nasconde la nostra unicità

La ricerca della verità va di pari passo con la ricerca di se stessi. Quante volte ci siamo sentiti dire «sii te stesso/a», per poi finire con il fare qualcosa senza comprendere davvero il significato di questo saggio consiglio. Essere se stessi non vuol dire essere emotivi o impulsivi e agire secondo decisioni avventate. Non significa condannare la razionalità. La spontaneità è sicuramente un valore importante da coltivare nella vita, ma va ben distinta dall'impulsività.

Essere se stessi significa, prima di tutto, conquistare l'indipendenza emotiva, quella che ci permette di prendere decisioni in modo autonomo e senza condizionamenti. Spesso, quando dobbiamo compiere scelte importanti, ci confrontiamo con le persone a noi vicine finendo per giungere a un compromesso tra quelli che sono i nostri intenti e il parere altrui. Diverso è invece confrontarsi e parlare con gli altri per chiarirsi le idee. Se ci accorgiamo di essere facilmente influenzabili dalle idee altrui, è bene comprendere che così facendo non saremo mai responsabili della nostra vita né tanto meno artefici del nostro destino. Finiremo invece con il realizzare i sogni di chi amiamo, rendendo loro più soddisfatti e noi frustrati, perché ciò che volevamo realizzare è rimasto in sospeso.

Riscoprire la propria unicità significa dunque rischiare, osare, avere il coraggio di seguire ciò che sentiamo dentro anche a scapito di conflitti e divergenze con le persone che amiamo e che credono di sapere cosa è più giusto per noi. Ci vuole coraggio in tutto questo. Solo tirando fuori ciò che sentiamo scopriremo cosa significa essere noi stessi e sapremo regalare al mondo ciò che nessun altro sarà mai in grado di dare.

Accrescendo la nostra consapevolezza riusciremo a liberarci da quelle catene invisibili che ci condizionano, avremo la possibilità di connetterci con la vita, o con quella che Jung chiama *coscienza collettiva*, per essere in grado di ricevere il dono dell'ispirazione, della creatività, del talento, per fare infine qualcosa di straordinario che rispecchi la nostra unicità.

SEGRETO n. 36: se vogliamo emergere dobbiamo conquistare la nostra indipendenza emotiva e decisionale. Il nostro futuro dipende da questo.

E se la "fine" fosse solo un'illusione?
Parliamo ora di un aspetto della vita che è fondamentale per liberarsi dai condizionamenti, spesso provenienti dalla paura. Parliamo di morte. Sì, proprio così. Molti evitano di parlare della morte, quasi come a volerla ignorare, a nascondersi da lei. Eppure essa ha significati differenti e importanti che ci aiutano a vivere più pienamente la nostra vita. Sono molti i punti di vista rispetto a questo tema così complesso. Ogni cultura ha il proprio modo di concepire e raffigurare la morte, associandole significati differenti. Secondo quella indiana, per esempio, la morte rappresenta un passaggio necessario e naturale per l'intero equilibrio dell'umanità e del pianeta. È un elemento costitutivo della vita, non la sua antagonista, come succede in altre società.

La cultura indiana contempla ampi e stratificati livelli di vita (minerale, vegetale, animale) e rispetta tutti gli esseri che ne fanno parte. Considera, inoltre, che ci sono molte morti in una stessa esistenza, alcune di minor rilevanza (il ricambio cellulare, la caduta di capelli, la pelle che si stacca dopo le prime abbronzature) e altre più evidenti.

Possiamo dunque dire che la morte non è altro che un cambiamento di condizione sperimentato dall'essere vivente. È una trasformazione, un passaggio da uno stato a un altro, proprio come succede durante la nascita. Questo ci porta a considerarla non come contrapposta alla vita, ma come una fase di una più ampia esperienza, che la comprende insieme alla sua fine momentanea, dove il tempo unisce i due capi per formare un unico cerchio eterno.

In fondo anche la nascita può essere considerata come la morte della vita che conduceva l'essere, poi incarnato nel neonato. Tutto fa ritornare a ciò che disse il chimico francese Antoine-Laurent de Lavoisier, spesso indicato come il padre della chimica moderna: «Nulla si crea, nulla si distrugge, tutto si trasforma!»

In definitiva possiamo dire che il *flusso della vita* è presente prima e dopo di noi. Per tali motivi la morte può rappresentare l'inizio di una nuova avventura, la fine di un tipo di esperienza, il passaggio a un'altra forma di vita, il momento della più coinvolgente esperienza emotiva, dell'unione con Dio, con il tutto, con la natura, la liberazione dai limiti del corpo, lo stato di massima libertà, un significativo momento di trasformazione, l'unione con ogni altra forma di vita (come fa una goccia che si unisce all'oceano), il risveglio da un sogno che appariva realtà, l'incontro con tutto l'amore esistente, l'attimo in cui, dal fare una carezza, ci si trasforma nella carezza stessa…

SEGRETO n. 37: vivere con la paura della morte è come stare in equilibrio per la sopravvivenza. Per vivere davvero è necessario essere curiosi, avere coraggio e non dare nulla per scontato.

Come la flessibilità può salvarci la vita
Da alcuni studi condotti prima dal dottor Ryke Geerd Hamer e, in seguito, da altri medici e scienziati che si interessano del legame tra psiche, cervello e organi, è emerso che tutte le malattie, anche le più importanti, sono la conseguenza di uno shock, di qualcosa di imprevisto al quale il nostro organismo risponde

memorizzando l'accaduto nel cervello e negli organi per poi affrontarlo con più calma successivamente. Ora, il mio intento non è certo quello di parlarvi delle diverse terapie da seguire per superare la malattia, ma, in base alle teorie ipotizzate e dimostrate fin'ora, potremmo forse affermare di avere alcuni strumenti utili per superare in modo indenne un trauma. Sappiamo ora indicare come si fa a diventare, se non completamente immuni, quantomeno più preparati agli imprevisti?

Lasciate che vi racconti una storia. In un quartiere malfamato di una città, veniva rubata periodicamente una quantità rilevante di macchine, al punto che i visitatori stranieri sapevano di dover mettere al sicuro il proprio mezzo. Una volta mi sono trovato di fronte a una persona alla quale avevano appena sottratto la sua nuova auto. La prima cosa che egli disse nel prendere coscienza della sparizione fu: «Lo sapevo che sarebbe successo».

Immaginiamo invece che quella stessa persona avesse subito il furto in un luogo diverso, un posto con un'ottima fama, dove ci sia tranquillità e pace tra i cittadini. Come pensate che avrebbe reagito? L'impatto sarebbe stato lo stesso? Il mettere in conto la possibilità di subire un furto, può premunire da uno shock intenso? Lo stesso vale per altre situazioni: se sentiamo che un amico sta per spaventarci, siamo più preparati all'impatto? Certamente sì.

Il nostro atteggiamento nell'affrontare gli imprevisti deve essere il più possibile flessibile, al fine di ridurre la portata dell'impatto sulla nostra psiche e, di conseguenza, sul corpo. Essere troppo sicuri sugli eventi che non possiamo controllare, significa essere anche molto rigidi. Significa predisporsi a uno scontro scioccante di fronte a un imprevisto. Chi assume tale atteggiamento si trova completamente spiazzato al punto da andare incontro anche a traumi e a malattie importanti. Se la nostra predisposizione all'inaspettato fa la differenza di fronte al modo di percepire un imprevisto, qual è secondo voi quello che ci permette di accrescere la nostra flessibilità e ammortizzare gli imprevisti che la vita può presentarci? La risposta è ovviamente: essere possibilisti sia nel bene che nel male.

Cosa significa questo? Non bisogna mai dare nulla per scontato, né essere sicuri al cento per cento che le cose andranno per come le vogliamo e pensiamo noi. Questo non significa concentrarci su ciò che non vogliamo, anzi: vuol dire semplicemente continuare a sintonizzarci su ciò che auspichiamo in modo che tutto il nostro essere canalizzi le energie e risorse per realizzarlo. Allo stesso tempo è importante mettere in conto che gli imprevisti possono sempre accadere. Il motto che ognuno di noi dovrebbe far proprio è: «Tutto è possibile». Questo è ciò che ci permette di tenere le porte sempre aperte affinché anche la nostra mente abbia una via d'uscita di fronte a qualcosa che non si aspettava che arrivasse.

SEGRETO n. 38: se vogliamo mantenere il massimo livello di vitalità e affrontare in modo sereno anche gli imprevisti della vita, è fondamentale coltivare la flessibilità e non dare nulla per scontato.

Immagine personale e atteggiamento
Molto spesso viviamo i rapporti lamentandoci di questo e di quello e non considerando che, in funzione delle azioni che compiamo, trasmettiamo un'immagine di noi che poi, per coerenza, sentiremo il bisogno di difendere.

Se ad esempio parliamo a un'altra persona compatendoci, le trasmettiamo un'immagine di debolezza attirando la sua commiserazione. Se invece ci rapportiamo con gli altri come persone felici di vivere e di godere ogni singolo attimo, la nostra immagine trasmetterà vitalità, spensieratezza, gioco, voglia di vivere, coraggio nell'affrontare le sfide della vita. È ciò che affermano gli studi classici sulla *profezia che si autorealizza* conosciuta anche come effetto Pigmalione (o Rosenthal): «Otterrai dalle persone ciò che ti aspetti di ottenere».

In funzione dell'immagine che abbiamo degli altri, costruiremo i rapporti e saremo trattati di conseguenza, come piacevoli e in gamba oppure come bisognosi di compassione e ascolto. Questo non significa che dobbiamo fingere d'essere chi non siamo, ma è importante tener presente questo aspetto, se vogliamo essere trattati per come desideriamo.

SEGRETO n. 39: per costruire un'idea vincente di noi dobbiamo puntare sul miglioramento dell'immagine riflessa negli occhi delle persone con le quali ci rapportiamo, non solo di quella restituita dallo specchio.

Come costruire uno stile di vita di successo

È molto difficile ottenere il successo se il nostro stato di benessere è carente. La nostra riuscita, quindi, è direttamente correlata allo stile di vita che conduciamo. Quest'ultimo è costituito dal modo in cui ci nutriamo, da come respiriamo, dalla postura che assumiamo, dai pensieri che produciamo, da come ci relazioniamo agli altri, dall'ambiente in cui viviamo, dalla quantità e dalla qualità del movimento che facciamo, dagli aspetti della vita a cui diamo importanza, ovvero, dai valori che abbiamo fatto nostri.

Per questo motivo è bene prendere in considerazione ciò che caratterizza uno stile di vita genuino, quello stesso stile di vita capace di promuovere l'armonia interiore e il benessere psicofisico. Vediamo quali elementi lo caratterizzano:

- bere acqua in abbondanza (almeno 2 litri);
- godere delle prime ore del mattino;
- correre o fare altro tipo di attività aerobica (nuoto, ballo ecc.);
- disintossicare gli organi emuntori (fegato, reni, sistema linfatico);
- respirare lentamente e profondamente;

- migliorare la postura attraverso discipline come il pilates e lo stretching;
- equilibrare le energie interiori attraverso lo yoga, il qi gong ecc.;
- mangiare sano assaporando lentamente gli alimenti e imparando a conoscerne le proprietà;
- esporsi al sole, alla luce;
- respirare aria pura, come quella che c'è dopo la pioggia, vicino al mare, nei boschi o al primo mattino;
- immergersi nella natura, magari con delle passeggiate;
- contemplare l'alba, il tramonto, gli spettacoli naturali;
- scherzare, giocare, promuovere e risvegliare il buonumore, divertirsi;
- dedicarsi del tempo per immergersi nel piacere e nel relax;
- circondarsi di persone che ci stimano, che ci amano e che ci fanno sentire bene;
- riposare bene affinché il sonno sia ristoratore.

Puntare sullo stile di vita significa attuare un più alto livello di consapevolezza. Significa non aspettare che la malattia giunga, ma prevenirla sposando abitudini che rispecchiano la nostra parte migliore. Prendersi cura di sé significa potenziare la nostra sensibilità ed elevarci per entrare in contatto con la vita che è dentro e fuori di noi.

Immaginatevi per un attimo come un'antenna ripiegata su se stessa. I segnali che riusciamo a percepire dall'alto sono così deboli al punto da credere di essere soli sulla Terra. Quando principiamo a prenderci cura di noi iniziamo anche a raddrizzarci, ad avvicinarci di più all'essenza della vita, a ciò che ci fa sentire parte di qualcosa di più grande e dalla quale possiamo percepire quei doni divini che ogni giorno ci vengono fatti...

SEGRETO n. 40: uno stile di vita è di successo quando è in armonia con la natura. È la serenità che determina la qualità dell'esistenza di ognuno di noi.

Come ottenere dalla vita ciò che si desidera
Prima di scegliere le migliori strategie per riuscire a ottenere dalla vita tutto ciò che si desidera bisogna capire con precisione cos'è che in realtà si desidera. Come detto in precedenza, otteniamo tale consapevolezza ponendoci le giuste domande. Stabilite le priorità

è importante gestire il tempo non in funzione di ciò che è urgente, ma di ciò che è importante.

Questa è la differenza fondamentale che ci permette di sentirci soddisfatti alla fine della giornata. Se continuiamo a fare ciò che riteniamo improrogabile, finiremo per far passare gli anni senza raggiungere gli obiettivi per noi importanti, che ci rendono felici e soddisfatti. Solitamente ci affanniamo a causa delle pressioni imposte degli altri, che ci portano a perdere tempo rispetto a ciò che conta per noi.

Così come siamo abituati a organizzare le nostre attività in funzione delle scadenze, dobbiamo imparare a dare un ordine ai nostri impegni secondo una scala di importanza. Se ad esempio il nostro obiettivo è quello di guadagnare di più, ma poi ci facciamo trascinare dagli eventi, finiremo per rimandare sempre le cose utili a costruire il nostro percorso. In questo è fondamentale distinguere il vero e il finto altruismo.

Spesso aiutiamo gli altri, dedicando loro del tempo, non per amore ma perché non sappiamo fare diversamente o, ancora peggio, perché ci sentiremmo in colpa se prediligessimo le nostre priorità alle loro, forse per paura di apparire egoisti e cinici.

È quello che ci spinge a non dire mai di no quando qualcuno ci chiede un favore. Cosa pensate che succederebbe se questo atteggiamento si espandesse come un domino a livello culturale? Ognuno si sentirebbe costretto a fare ciò che non sente, rimandando le cose che davvero contano e finendo col vivere una vita di frustrazioni.

Volete essere anche voi tra queste persone? Volete sentirvi soddisfatti e realizzati, o impegnati per gli altri e frustrati per non riuscire ad avere tempo di portare a compimento i vostri intenti? Se volete sentirvi completi e felici, iniziate a dedicarvi del tempo e ad agire per rendere concreti i vostri sogni.

Stabilita questa fondamentale differenza tra ciò che è urgente e ciò che è importante al fine di vivere la vita che desideriamo, è altrettanto importante puntare alla totalità della nostra esistenza considerando ogni suo aspetto. Se dedichiamo tutte le nostre energie a un solo aspetto della vita come, per esempio, la crescita finanziaria, trascurando il partner, gli amici, la famiglia, la salute, il tempo libero, la spiritualità eccetera, finiremo per vivere in modo squilibrato con il risultato di non sentirci mai davvero soddisfatti di noi. Potremmo raggiungere il nostro obiettivo finanziario per poi trovarci soli senza neppure la possibilità di condividere la gioia che da esso deriva.

Per questo è fondamentale coltivare nel nostro orto interiore tutti gli aspetti che per noi sono importanti al fine di crescere in armonia e sentirci pienamente soddisfatti. Per farlo possiamo utilizzare uno degli strumenti di coaching che, per quanto possa apparire semplice e banale, è, in realtà, molto potente ed efficace. Si chiama *cerchio della vita* e consiste nel disegnare all'interno di un cerchio tanti spicchi quanti sono gli aspetti del vivere che per noi contano. Successivamente disegniamo dieci cerchi concentrici a partire dal centro fino alla periferia. Ogni sezione rappresenta un livello di soddisfazione. Per avere un'idea di quanto siamo soddisfatti dobbiamo porci la seguente domanda per ogni aspetto inserito: «Quanto sono soddisfatto, da uno a dieci, in questo settore?»

Se, ad esempio, ritenete di esserlo per un valore pari a cinque, allora si andrà a colorare cinque livelli partendo dal centro del cerchio. Dopo aver completato il giro avrete un quadro compiuto di cosa vi manca per raggiungere l'appagamento.

Individuate i punti che meno vi soddisfano e chiedetevi: «Cosa mi renderebbe soddisfatto in quest'area della mia vita?»

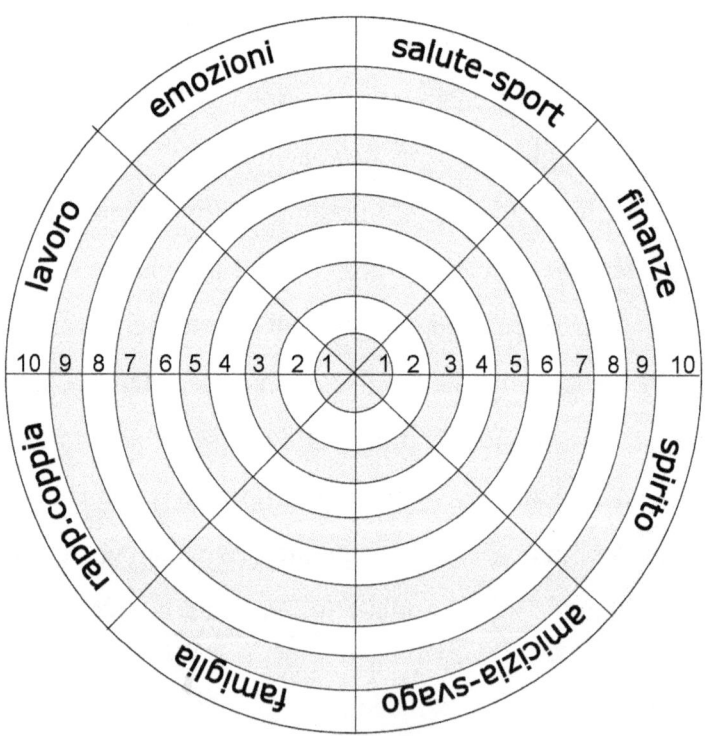

Se, ad esempio ci siamo resi conto che negli ultimi tempi conduciamo una vita monotona con mancanza di stimoli e di emozioni, dovremmo chiederci: «Cosa porterebbe un po' di stimoli nella mia vita? Cos'è che potrei iniziare a fare per sentirmi nuovamente vivo?»

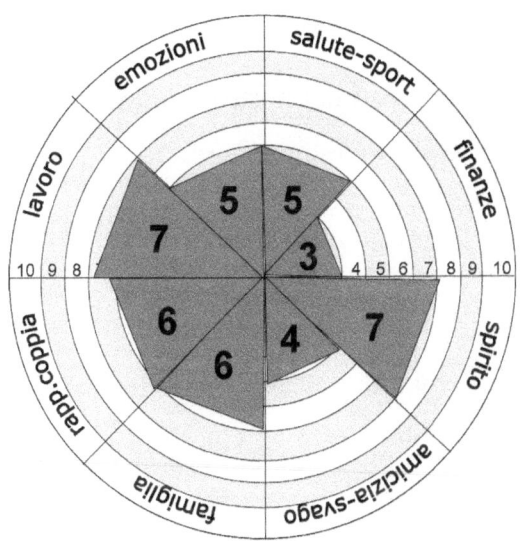

Il grafico sopra riportato è un esempio di cerchio della vita compilato. Da come si può notare i settori più disarmonici sono quello delle finanze, a cui è stato assegnato un livello di soddisfazione pari a tre, e dell'amicizia-svago, con livello di soddisfazione pari a quattro. Consapevoli di questo, ci domanderemo: «Quanto mi voglio sentire soddisfatto nelle finanze? Cosa mi permetterebbe di raggiungere un alto grado di soddisfazione?»

Utilizzare il cerchio della vita e porsi le domande descritte fa la differenza tra una vita mediocre vissuta da spettatori e una piena vissuta da protagonisti. Questo semplice strumento ci permette di diventare più consapevoli del nostro livello di soddisfazione e di indirizzare le energie per raggiungere quella completezza che ci permette di sentirci davvero soddisfatti di noi.

SEGRETO n. 41: per essere pienamente soddisfatti, non concentratevi su ciò che è urgente, né su un solo aspetto della vita, ma sulla completezza e su ciò che è davvero importante per voi.

L'essere umano come fonte di energia
Come una lampadina emette energia luminosa, allo stesso modo l'essere umano emette energia emozionale e lo fa attraverso le vibrazioni, il linguaggio non verbale, paraverbale e verbale. Il nostro benessere dipende dal tipo di energia che emaniamo

ovvero dal tipo di emozioni che proviamo. Allo stesso tempo, essendo esseri sociali, siamo influenzati anche dalla luce o dal buio che gli altri diffondono. In altre parole noi siamo il risultato delle interazioni emotive che avvengono dentro e fuori di noi. Come dei coni di luce ce ne andiamo in giro illuminando alcune persone e tenendo in ombra delle altre.

Allo stesso modo rischiariamo alcuni aspetti della nostra vita e ne teniamo al buio degli altri. A questo punto vi starete chiedendo di cosa è composta questa luce. Quando mi sono posto, per la prima volta, tale domanda, ho creduto che la risposta più opportuna fosse l'*attenzione*. In funzione di dove pongo la mia attenzione illumino quell'aspetto della vita, di me stesso o degli altri. Poi mi sono accorto che, delle volte, anche orientando l'attenzione ai problemi non mi sentivo più energico, più vitale, anzi, mi accadeva il contrario. Ma se non è l'attenzione, di cos'è fatta questa luce? Cercando questa risposta un po' dappertutto mi sono trovato a confrontarmi con gli insegnamenti di un maestro indiano. Molti lo conoscono sotto il nome di Osho. Qui ho trovato delle buone risposte ai miei quesiti. Secondo Osho la luce è costituita dalla *consapevolezza*.

Più si è consapevoli della propria vita, più si è in grado di dirigerla e di viverla secondo i propri desideri. Come fare per riuscirci sembrava anche semplice: non pensare, ovvero dedicare un po' di tempo della giornata alla meditazione. Così ho iniziato a farlo e dopo qualche mese di costante applicazione dei suoi insegnamenti mi sono ritrovato a provare una sensazione di pace, di lucidità mentale ed emotiva. Sapevo ciò che stavo provando e sapevo anche come plasmare ogni emozione per come volevo.

Mi sentivo l'attore principale della mia vita e riuscivo a vivere tutto ciò che volevo. In quel periodo mi sono accorto che la felicità è slegata da quei luoghi comuni ai quali ero abituato a fare riferimento. È indipendente dai soldi, è indipendente dal comportamento altrui, è indipendente dagli eventi della vita. L'unico vero artefice di ciò che vivevo ero soltanto io. Ero io che riuscivo a sentirmi come volevo.

Non è facile capire ciò che sto dicendo, me ne rendo conto. Non l'avrei capito neppure io se non l'avessi vissuto in prima persona. È stato un po' come scoprire un altro senso che non credevo di avere, come risvegliarmi a una nuova vita. Ancora più entusiasmante è stata la scoperta del valore supremo, quello in grado di cambiare completamente l'esistenza di ogni persona, se messa al primo posto. È quel valore in grado di bastare a tutta la vita. Chi lo pone al primo posto può fare a meno di tutti gli altri. Quando ho scoperto questo valore supremo ho capito il segreto dei più grandi personaggi della storia come Gandhi, Madre Teresa di Calcutta, Gesù, Martin Luther King, Papa Giovanni Paolo II, San Francesco e tutti coloro che hanno fatto la storia dell'umanità.

Il valore supremo di cui vi sto parlando è l'**amore**. Potrebbe sembrare ovvio, ma non lo è assolutamente. Abbiamo già visto nel capitolo 3 come questo sentimento sia spesso confuso.

Cosa significa porre come primo valore, in vetta a tutti gli altri, l'amore? Significa diventare così flessibili da accettare con gioia tutto ciò che la vita ci dona; significa mettere amore in ogni suo aspetto, unire tutto ciò che è separato dal dualismo. Significa arrivare ad amare l'odio, per assurdo e arrivare a far coincidere l'idea personale di successo con l'amore.

Quando si ama si riesce a emanare il più prezioso flusso energetico, prima verso di sé e poi verso gli altri. Spesso lottiamo contro le opinioni altrui e vogliamo avere la meglio in ogni contrasto. Dovremmo invece fermarci un attimo e chiederci: «Quale emozione sto provando in questo momento? È piacevole? È un'emozione che riguarda l'amore o l'ego e la voglia di vincere? Se mi considerassi, in questo preciso istante, come una fonte d'energia emozionale, quale flusso emanerei?»

Fino a poco tempo fa la morale, ovvero l'insieme di valori che stabiliscono ciò che è giusto e ciò che è sbagliato, faceva riferimento alla religione e alla cultura del paese. In questo modo ogni nazione ha determinato una sua morale stabilendo delle regole e dei valori culturali/religiosi. Questo ha contribuito a far nascere dei conflitti interiori tra i desideri umani e ciò che è stato socialmente riconosciuto come giusto.

Oggi invece si sta andando verso una consapevolezza nuova, dove la morale può essere stabilita non dalle ideologie politiche o religiose o culturali ma solo e soltanto dalla biologia. In altre parole se non ascolti te stesso e non soddisfi i bisogni dell'anima il corpo si ribella manifestando una malattia. In questo senso la malattia è un'insegnante di vita che indica la strada da seguire per realizzare la propria personale missione.

La morale che un tempo poteva essere utile per dare un ordine alla società, oggi è la causa di confusione e di malattie. La nuova morale che sta nascendo si basa sulla biologia e sulle emozioni. Se stai provando un'emozione che ti debilita, anziché farti sentire bene e potente, allora devi cambiare qualcosa nella tua vita, se puoi farlo, oppure devi cambiare te stesso.

SEGRETO n. 42: immaginatevi come una lampadina che irradia energia emozionale. Per trasmettere emozioni dobbiamo prima provarle noi.

Come risvegliare il proprio potere?

Dipende da come ci vogliamo considerare. Si può agire solo sul piano chimico e dunque, di fronte a un mal di testa, a un mal di schiena, o a uno stato di malessere in generale, si possono usare quei farmaci per azzittire i sintomi che tale squilibrio comporta, oppure si può agire sul piano psico-emotivo risalendo alla causa di tale disagio per poi affrontarla e risolverla con delicatezza e tatto. Ancora meglio è promuovere l'ascolto di sé e dei propri disagi. In questo modo si accresce la consapevolezza di ciò che si vuol mutare dando il via, in modo spontaneo, a un cambiamento interiore che apporterà miglioramenti nello stile di vita, nello stato emotivo, fisico, psicologico ed energetico. In quest'ultimo caso l'armonia interiore, raggiunta attraverso una depurazione fisica, mentale ed emotiva – così come l'amore per se stessi e per la vita, la fede e la fiducia che riponiamo in essa – riveste un ruolo fondamentale al fine di risvegliare quelle potenzialità sopite dentro di noi che possono portarci al benessere, alla vitalità e al risveglio del potere interiore. Tutto dipende dall'idea che vogliamo avere di noi.

«Se conosciamo l'anatomia dell'uomo interiore, conosciamo la prima materia, possiamo vedere la natura delle sue malattie al pari dei rimedi. Ciò che vediamo con gli occhi esterni è l'ultima materia» (Paracelso).

SEGRETO n. 43: per risvegliare il nostro potere è necessario assumerci la responsabilità della nostra vita, dei risultati che otteniamo e della nostra salute.

RIEPILOGO DEL CAPITOLO 7:

- SEGRETO n. 36: se vogliamo emergere dobbiamo conquistare la nostra indipendenza emotiva e decisionale. Il nostro futuro dipende da questo.
- SEGRETO n. 37: vivere con la paura della morte è come stare in equilibrio per la sopravvivenza. Per vivere davvero è necessario essere curiosi, avere coraggio e non dare nulla per scontato.
- SEGRETO n. 38: se vogliamo mantenere il massimo livello di vitalità e affrontare in modo sereno anche gli imprevisti della vita, è fondamentale coltivare la flessibilità e non dare nulla per scontato.
- SEGRETO n. 39: per costruire un'idea vincente di noi dobbiamo puntare sul miglioramento dell'immagine riflessa negli occhi delle persone con le quali ci rapportiamo, non solo di quella restituita dallo specchio.
- SEGRETO n. 40: uno stile di vita è di successo quando è in armonia con la natura. È la serenità che determina la qualità dell'esistenza di ognuno di noi.
- SEGRETO n. 41: per essere pienamente soddisfatti, non concentratevi su ciò che è urgente, né su un solo aspetto della

vita, ma sulla completezza e su ciò che è davvero importante per voi.

- SEGRETO n. 42: immaginatevi come una lampadina che irradia energia emozionale. Per trasmettere emozioni dobbiamo prima provarle noi.
- SEGRETO n. 43: per risvegliare il nostro potere è necessario assumerci la responsabilità della nostra vita, dei risultati che otteniamo e della nostra salute.

Conclusione

Il percorso di studi e di ricerche fatto fino a oggi mi ha permesso di ampliare l'idea di ciò che ognuno di noi può essere e rappresentare nel mondo. Ho vissuto momenti unici, immerso in un'atmosfera nella quale mi sono sentito più in sintonia con il Tutto, grazie ai quali ho potuto capire che nessuno di noi è un'isola, ma una parte di quell'oceano che è la vita, dove anche una parola può echeggiare in eterno e dove un gesto, se fatto con impegno, determinazione e con le giuste strategie, può contribuire a cambiare l'umanità intera. Per questo motivo il mio grazie va alla vita, nella sua interezza, per quei momenti che mi ha permesso di condividere con tutte le persone che ho incontrato e che a volte, senza che me ne accorgessi, mi hanno dato parte di loro facendomi crescere e diventare quello che sono oggi. Grazie a tutti.

Nel sito www.rinascere.net potrete trovare tutte le informazioni riguardanti i più efficaci metodi per prendervi cura di voi e conquistare il benessere olistico.

www.ingramcontent.com/pod-product-compliance
Lightning Source LLC
Chambersburg PA
CBHW050904160426
43194CB00011B/2281